KB184607

고교학점제 바이블
(2022 개정 교육과정 적용)

CampusMentor

캠퍼스멘토

고교학점제 바이블

CONTENTS

1 고교학점제 이해   **p.4**

2 2022 개정 교육과정   **p.6**

3 대학 입학전형과 과목 선택   **p.16**

4 대학 계열 소개 및 선택 과목   **p.26**

5 대학 전공에 맞는 선택 과목   **p.38**

6 대학 입시 정보   **p.40**

7 참고자료   **p.50**

1. 2022 개정 교육과정 선택 과목 안내   p.50
2. 학업계획서 작성 Sheet   p.140

PART

1

고교학점제 이해

1 고교학점제 정의

고교학점제는 학생들이 진로에 따라 다양한 과목을 선택·이수하고 누적 학점이 기준에 도달할 경우 졸업을 인정받는 제도이다.

① 진로에 따라 다양한 과목을 선택하는 제도이다.

지금까지 고등학생들은 주어진 교육과정에 따라 수업을 들었다. 하지만 고교학점제에서는 학생들이 자신의 진로에 따라 원하는 과목을 선택하여 수업을 듣게 된다.

② 목표한 성취 수준에 도달했을 때 과목을 이수하는 제도이다.

이전에는 학생이 성취한 등급에 상관없이 과목을 이수할 수 있었다. 하지만 고교학점제에서는 학생이 목표한 성취 수준에 충분히 도달하였다고 판단되는 경우에만 과목 이수를 인정해 준다. 따라서 배움의 질이 보장된다.

③ 누적 학점이 기준에 도달할 때 졸업하는 제도이다.

고교학점제 시행 이전에는 출석 일수로 고등학교 졸업 여부를 결정하였다. 하지만 고교학점제에서는 누적된 과목 이수 학점이 졸업 기준에 이르렀을 때 졸업이 가능하게 된다.

2 고교학점제 운영 단계

고교학점제에서는 다음의 단계에 따라 학사제도를 운영한다.

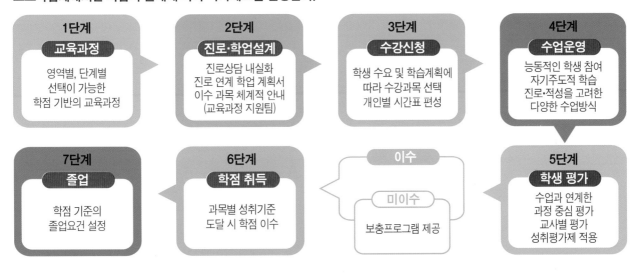

1단계	2단계	3단계	4단계
교육과정	**진로·학업설계**	**수강신청**	**수업운영**
영역별, 단계별 선택이 가능한 학점 기반의 교육과정	진로상담 내실화 진로 연계 학업 계획서 이수 과목 체계적 안내 (교육과정 지원팀)	학생 수요 및 학습계획에 따라 수강과목 선택 개인별 시간표 편성	능동적인 학생 참여 자기주도적 학습 진로·적성을 고려한 다양한 수업방식

7단계	6단계	이수	5단계
졸업	**학점 취득**	**미이수**	**학생 평가**
학점 기준의 졸업요건 설정	과목별 성취기준 도달 시 학점 이수	보충프로그램 제공	수업과 연계한 과정 중심 평가 교사별 평가 성취평가제 적용

3 고교학점제 기대 효과

고교학점제가 시행되면 다음과 같은 기대 효과를 거둘 수 있다.

● 학생은 학교에서 제시하는 교육과정을 이수하는 것이 아니라 자신의 진로 개척에 필요한 과목을 이수해 맞춤형 역량을 갖춘 자기주도적 학생으로 변화한다.

● 교사는 교과 지식 전달자, 학생 관리자, 대학입시 및 진학 지도 전문가에서 모든 학생의 성장과 학습을 지원하는 조력자 및 교수·학습 전문가로 변화한다.

● 교육과정 편성·운영은 교원 수급 상황에 따라 교원이 가르칠 수 있는 과목 위주의 편성·운영(공급자 중심)에서 학생의 진로와 적성, 흥미 중심의 편성·운영(학생 중심)으로 변화한다.

● 학교 내 과목 선택권이 확대되고 인근 학교, 지역사회 등과 협력한 공동 교육과정 운영 등을 통해 교육과정의 다양성이 확보된다.

PART

2

2022 개정 교육과정

1   2022 개정 교육과정이 추구하는 인간상

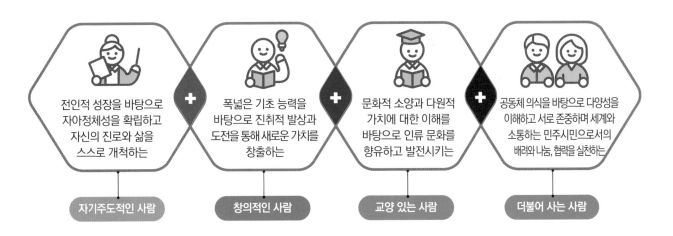

전인적 성장을 바탕으로 자아정체성을 확립하고 자신의 진로와 삶을 스스로 개척하는 **자기주도적인 사람**

폭넓은 기초 능력을 바탕으로 진취적 발상과 도전을 통해 새로운 가치를 창출하는 **창의적인 사람**

문화적 소양과 다원적 가치에 대한 이해를 바탕으로 인류 문화를 향유하고 발전시키는 **교양 있는 사람**

공동체 의식을 바탕으로 다양성을 이해하고 서로 존중하며 세계와 소통하는 민주시민으로서의 배려와 나눔, 협력을 실천하는 **더불어 사는 사람**

2   2022 개정 교육과정 핵심역량

자기관리 역량 | 지식정보처리 역량 | 창의적 사고 | 심미적 감성 역량 | 협력적 소통 역량 | 공동체 역량

3   2022 개정 교육과정 고등학교 주요 개정 사항

✓ **선택 과목 이수 기회 확대**

학교 내에 개설되지 않는 선택 과목을 다른 학교에서 이수할 수 있고 학교 밖 교육도 이수가 인정된다.

✓ **직업계 고등학교**

자율성 확대와 변화된 미래 직업 세계가 요구하는 기초소양 및 핵심역량 함양을 위한 공통 과목과 다양한 전공과목이 개설되었다.

✓ **진로연계교육**

선택 과목 안내를 위한 교과와 창의적 체험활동 시간을 활용하여 학생들이 진로를 탐색할 수 있는 기회를 제공한다.

✓ **고교학점제 기반 고등학교 교육과정 운영**

- 수업량 기준을 기존의 '단위'에서 '학점'으로 전환한다.

- 필수이수학점(94단위-84학점) 조정 및 자율 선택 학점 이수 범위(86단위-90학점)에 따른 교육과정 편성의 유연성을 확보하였다.

✓ **온라인·오프라인 공동교육과정 운영 및 학교 밖 교육 학점을 인정**

4 2022 개정 고등학교 교육과정 편성·운영

가. 2022 개정 고등학교 교육과정 편제

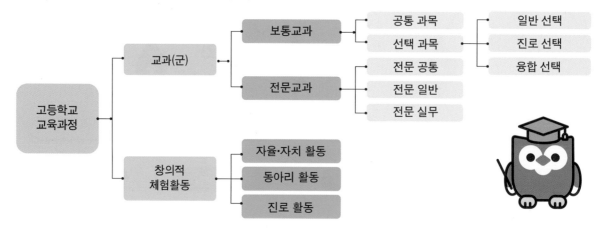

➜ 고등학교 교육과정은 교과(군)와 창의적 체험활동으로 편성한다.

➜ 교과는 보통 교과와 전문 교과로 한다.

1 보통 교과

- 보통 교과의 교과(군)는 국어, 수학, 영어, 사회(역사/도덕 포함), 과학, 체육, 예술, 기술·가정/정보/제2외국어/한문/교양으로 한다.
- 보통 교과는 공통 과목과 선택 과목으로 구분한다. 선택 과목은 일반 선택 과목, 진로 선택 과목, 융합 선택 과목으로 구분한다.

구분		특징
공통 과목		학생의 기초소양 함양과 기본 학력을 보장하기 위한 과목
선택 과목	일반 선택	교과별 학문 영역 내의 주요 학습 내용 이해 및 탐구를 위한 과목
	진로 선택	교과별 심화학습 및 진로 관련 과목
	융합 선택	교과 내/교과 간 주제 융합 과목과 실생활 체험 및 응용을 위한 과목

2 전문 교과

- 전문 교과의 교과(군)는 국가직무능력표준 등을 고려하여 경영·금융, 보건·복지, 문화·예술·디자인·방송, 미용, 관광·레저, 식품·조리, 건축·토목, 기계, 재료, 화학 공업, 섬유·의류, 전기·전자, 정보·통신, 환경·안전·소방, 농림·축산, 수산·해운, 융복합·지식 재산 과목으로 한다.
- 전문 교과의 과목은 전문 공통 과목, 전공 일반 과목, 전공 실무 과목으로 구분한다.

➜ 창의적 체험활동은 **자율·자치 활동, 동아리 활동, 진로 활동**으로 한다.

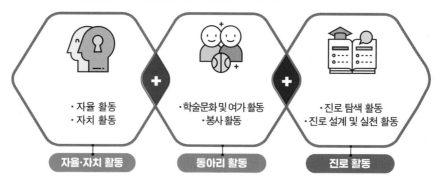

영역	활동	예시 활동
자율·자치 활동	자율 활동	주제 탐구 활동, 적응 및 개척 활동, 프로젝트형 봉사 활동 등
	자치 활동	기본생활습관 형성 활동, 관계 형성 및 소통 활동, 공동체 자치 활동 등
동아리 활동	학술·문화 및 여가 활동	학술 동아리, 예술 동아리, 스포츠 동아리, 놀이 동아리 등
	봉사 활동	교내 봉사 활동, 지역사회 봉사 활동, 청소년 단체 활동 등
진로 활동	진로 탐색 활동	자아탐색 활동, 진로 이해 활동, 직업 이해 활동, 정보 탐색 활동 등
	진로 설계 및 실천 활동	진로 준비 활동, 진로 계획 활동, 진로 체험 활동 등

나. 학점 배당 기준

1 일반 고등학교와 특수 목적 고등학교(산업수요 맞춤형 고등학교 제외)

교과(군)	공통 과목	필수 이수 학점	자율 이수 학점
국어	공통국어1, 공통국어2	8	
수학	공통수학1, 공통수학2	8	
영어	공통영어1, 공통영어2	8	
사회(역사/도덕 포함)	한국사1, 한국사2	6	
	통합사회1, 통합사회2	8	학생의 적성과 진로를 고려하여 편성
과학	통합과학1, 통합과학2 과학탐구실험1, 과학탐구실험2	10	
체육		10	
예술		10	
기술·가정/정보/제2외국어/한문/교양		16	
소계		84	90
창의적 체험활동		18(288시간)	
총 이수 학점		192	

① 1학점은 50분을 기준으로 하여 16회를 이수하는 수업량이다.

② 1시간의 수업은 50분을 원칙으로 하되, 기후 및 계절, 학생의 발달 정도, 학습 내용의 성격, 학교 실정 등을 고려하여 탄력적으로 편성·운영할 수 있다.

③ 공통 과목의 기본 학점은 4학점이며, 1학점 범위 내에서 감하여 편성·운영할 수 있다. 단, 한국사1, 2의 기본 학점은 3학점이며 감하여 편성·운영할 수 없다.

④ 과학탐구실험1, 2의 기본 학점은 1학점이며 증감 없이 편성 운영하는 것을 원칙으로 한다. 단, 과학, 체육, 예술 계열 고등학교의 경우 학교 실정에 따라 탄력적으로 운영할 수 있다.

⑤ 필수 이수 학점 수는 해당 교과(군)의 최소 이수 학점이다. 특수 목적 고등학교의 경우 예술 교과(군)는 5학점 이상, 기술·가정/정보/제2외국어/한문/교양 교과(군)는 12학점 이상 이수하도록 한다.

⑥ 국어, 수학, 영어 교과의 이수 학점 총합은 81학점을 초과하지 않도록 하며, 교과 이수 학점이 174학점을 초과하는 경우에는 초과 이수 학점의 50%를 넘지 않도록 한다.

⑦ 창의적 체험활동의 학점 수는 최소 이수 학점이며 (　)안의 숫자는 이수 학점을 시간 수로 환산한 것이다.

⑧ 총 이수 학점 수는 고등학교 졸업을 위해 3년간 이수해야 할 최소 이수 학점을 의미한다.

2 특성화 고등학교와 산업수요 맞춤형 고등학교

	교과(군)	공통 과목	필수 이수 학점	자율 이수 학점
보통 교과	국어	공통국어1, 공통국어2	24	학생의 적성과 진로를 고려하여 편성
	수학	공통수학1, 공통수학2		
	영어	공통영어1, 공통영어2		
	사회 (역사/도덕 포함)	한국사1, 한국사2	6	
		통합사회1, 통합사회2	12	
	과학	통합과학1, 통합과학2		
	체육		8	
	예술		6	
	기술·가정/정보/ 제2외국어/ 한문/교양		8	
	소계		64	
전문 교과	17개 교과(군)		80	30
창의적 체험활동			18(288시간)	
총 이수 학점			192	

① 1학점은 50분을 기준으로 하여 16회를 이수하는 수업량이다.
② 1시간의 수업은 50분을 원칙으로 하되, 기후 및 계절, 학생의 발달 정도, 학습 내용의 성격 등과 학교 실정 등을 고려하여 탄력적으로 편성·운영할 수 있다.
③ 공통 과목의 기본 학점은 4학점이며, 1학점 범위 내에서 감하여 편성·운영할 수 있다. 단, 한국사 1, 2의 기본 학점은 3학점이며 감하여 편성·운영할 수 없다.
④ 필수 이수 학점 수는 해당 교과(군)의 최소 이수 학점이다.
⑤ 자연현장 실습 등 체험 위주의 교육을 전문적으로 실시하는 특성화 고등학교의 전문 교과 필수 이수 학점은 시·도 교육감이 정한다.
⑥ 창의적 체험활동의 학점 수는 최소 이수 학점이며 ( )안의 숫자는 이수 학점을 시간 수로 환산한 것이다.
⑦ 총 이수 학점 수는 고등학교 졸업을 위해 3년간 이수해야 할 최소 이수 학점을 의미한다.

Memo 0-0-0-0

다. 보통 교과

✣ 공통 과목 및 선택 과목 ✣

교과(군)	공통 과목	선택 과목		
		일반 선택	진로 선택	융합 선택
국어	공통국어1 공통국어2	화법과 언어, 독서와 작문, 문학	주제 탐구 독서, 문학과 영상, 직무 의사소통	독서 토론과 글쓰기, 매체 의사소통, 언어생활 탐구
수학	공통수학1 공통수학2 기본수학1 기본수학2	대수, 미적분Ⅰ, 확률과 통계	기하, 미적분Ⅱ, 경제 수학, 인공지능 수학, 직무 수학	수학과 문화, 실용 통계, 수학과제 탐구
영어	공통영어1 공통영어2 기본영어1 기본영어2	영어Ⅰ, 영어Ⅱ, 영어 독해와 작문	영미 문학 읽기, 영어 발표와 토론, 심화 영어, 심화 영어 독해와 작문, 직무 영어	실생활 영어 회화, 미디어 영어, 세계 문화와 영어
사회 (역사/ 도덕 포함)	한국사1 한국사2 통합사회1 통합사회2	세계시민과 지리, 세계사, 사회와 문화, 현대사회와 윤리	한국지리 탐구, 도시의 미래 탐구, 동아시아 역사 기행, 정치, 법과 사회, 경제, 윤리와 사상, 인문학과 윤리, 국제 관계의 이해	여행지리, 역사로 탐구하는 현대 세계, 사회문제 탐구, 금융과 경제생활, 윤리문제 탐구, 기후변화와 지속가능한 세계
과학	통합과학1 통합과학2 과학탐구실험1 과학탐구실험2	물리학, 화학, 생명과학, 지구과학	역학과 에너지, 전자기와 양자, 물질과 에너지, 화학 반응의 세계, 세포와 물질대사, 생물의 유전, 지구시스템과학, 행성우주과학	과학의 역사와 문화, 기후변화와 환경생태, 융합과학 탐구
체육		체육1, 체육2	운동과 건강, 스포츠 문화*, 스포츠 과학*	스포츠 생활1, 스포츠 생활2
예술		음악, 미술, 연극	음악 연주와 창작, 음악 감상과 비평, 미술 창작, 미술 감상과 비평	음악과 미디어, 미술과 매체
기술·가정/ 정보		기술·가정	로봇과 공학세계, 생활과학 탐구	창의 공학 설계, 지식 재산 일반, 생애 설계와 자립*, 아동발달과 부모
		정보	인공지능 기초, 데이터 과학	소프트웨어와 생활
제2외국어/ 한문		독일어, 프랑스어, 스페인어, 중국어, 일본어, 러시아어, 아랍어, 베트남어	독일어 회화, 프랑스어 회화, 스페인어 회화, 중국어 회화, 일본어 회화, 러시아어 회화, 아랍어 회화, 베트남어 회화 심화 독일어, 심화 프랑스어, 심화 스페인어, 심화 중국어, 심화 일본어, 심화 러시아어, 심화 아랍어, 심화 베트남어	독일어권 문화, 프랑스어권 문화, 스페인어권 문화, 중국 문화, 일본 문화, 러시아 문화, 아랍 문화, 베트남 문화
		한문	한문 고전 읽기	언어생활과 한자
교양		진로와 직업, 생태와 환경	인간과 철학, 논리와 사고, 인간과 심리, 교육의 이해, 삶과 종교, 보건	인간과 경제활동, 논술

① 선택 과목의 기본 학점은 4학점이다. 단, 체육, 예술, 교양 교과(군)의 기본 학점은 3학점이다.

② 선택 과목은 1학점 범위 내에서 증감하여 편성·운영할 수 있다.

③ * 표시한 과목의 기본 학점은 2학점이며, 1학점 범위 내에서 감하여 편성·운영할 수 있다.

④ 체육 교과는 매 학기 이수하도록 한다. 단, 특성화 고등학교와 산업수요 맞춤형 고등학교의 경우, 현장 실습이 있는 학년에서는 탄력적으로 운영할 수 있다.

❖ 특수 목적 고등학교 선택 과목 ❖

계열	교과(군)	선택 과목				
		진로 선택				융합 선택
과학 계열	수학	전문 수학	이산 수학	고급 기하	고급 대수	
		고급 미적분				
	과학	고급 물리학	고급 화학	고급 생명과학	고급 지구과학	물리학 실험
						화학 실험
		과학과제 연구				생명과학 실험
						지구과학 실험
	정보	정보과학				
체육 계열	체육	스포츠 개론	육상	체조	수상 스포츠	스포츠 교육
		기초 체육 전공 실기	심화 체육 전공 실기	고급 체육 전공 실기	스포츠 경기 체력	스포츠 생리의학
		스포츠 경기 기술	스포츠 경기 분석			스포츠 행정 및 경영
예술 계열	예술	음악 이론	음악사	시창 청음	음악 전공 실기	음악과 문화
		합창 합주	음악 공연 실습			
		미술 이론	드로잉	미술사	미술 전공 실기	미술 매체 탐구
		조형 탐구				미술과 사회
		무용의 이해	무용과 몸	무용 기초 실기	무용 전공 실기	무용과 매체
		안무	무용 제작 실습	무용 감상과 비평		
		문예 창작의 이해	문장론	문학 감상과 비평	시 창작	문학과 매체
		소설 창작	극 창작			
		연극과 몸	연극과 말	연기	무대 미술과 기술	연극과 삶
		연극 제작 실습	연극 감상과 비평	영화의 이해	촬영 조명	영화와 삶
		편집 사운드	영화 제작 실습	영화 감상과 비평		
		사진의 이해	사진 촬영	사진 표현 기법	영상 제작의 이해	사진과 삶
		사진 감상과 비평				

① 특수 목적 고등학교 선택 과목은 과학, 체육, 예술 계열에 관한 과목으로 한다.
② 특수 목적 고등학교 선택 과목의 기본 학점은 4학점이며, 증감 범위는 2학점 범위 내에서 시·도 교육감이 정한다.

5 2022 개정 교육과정 교과별 성적 처리 유형

- 내신평가의 공정성을 위해 고1·고2·고3 모두 동일한 평가체제로 개편되었다.
- 내신평가 혁신으로 9등급제를 폐지하고 5등급제를 도입한다.
  ※ 모든 과목에서 절대평가가 시행됨에 따라 해당 제도가 안정적으로 정착될 수 있도록 상대평가를 병기함으로 성적 부풀리기 우려에 대한 안전장치를 마련한다.
- 절대평가(A~E)를 하면서 상대평가 등급(1~5등급)을 함께 기재한다.
  ※ 사회·과학 교과 융합 선택 과목은 절대평가만 시행한다.
  ※ 공통 과목 중 과학탐구실험(성취도 3단계), 체육·예술(성취도 3단계), 교양과목은 P(이수) 적용 및 석차등급을 미산출한다.

❖ 과목별 내신 성적 반영 방법 ❖

구 분	절대평가		상대평가	통계정보		
	원점수	성취도	석차등급	성취도 분포비율	과목평균	수강자수
보통교과	○	A·B·C·D·E	5등급	○	○	○
사회·과학 융합 선택	○	A·B·C·D·E	-	○	○	○
체육·예술/과학탐구실험	-	A·B·C	-	-	-	-
교양	-	P	-	-	-	-
전문교과	○	A·B·C·D·E	5등급	○	○	○

내신 5등급제 과목	등급	1	2	3	4	5
	비율(%)	10%	24%	32%	24%	10%
	누적 비율(%)	10%	34%	66%	90%	100%

성취도 5단계(A~E) 평정 과목	성취도	A	B	C	D	E
	점수 구간	90점 이상	80점 이상 ~90점미만	70점 이상 ~80점미만	60점 이상 ~70점미만	60점 미만

성취도 3단계(A~C) 평정 과목	성취도	A		B		C
	점수 구간	80점 이상		60점 이상~80점 미만		60점 미만

❖ 2022 개정 교육과정 보통교과 과목 편성 성적처리 유형 ❖

유형	교과(군)	과목명	성취도	석차등급
공통 과목	국어	공통국어1, 공통국어2	A/B/C/D/E	○
	수학	기본수학1, 기본수학2, 공통수학1, 공통수학2	A/B/C/D/E	○
	영어	기본영어1, 기본영어2, 공통영어1, 공통영어2	A/B/C/D/E	○
	사회	통합사회1, 통합사회2	A/B/C/D/E	○
	과학	통합과학1, 통합과학2	A/B/C/D/E	○
		과학탐구실험1, 과학탐구실험2	A/B/C	×
선택 과목	국어	화법과 언어, 독서와 작문, 문학, 주제 탐구 독서, 문학과 영상, 직무 의사소통, 독서 토론과 글쓰기, 매체 의사소통, 언어생활 탐구	A/B/C/D/E	○
	수학	대수, 미적분Ⅰ, 확률과 통계, 기하, 미적분Ⅱ, 경제 수학, 인공지능 수학, 직무 수학, 수학과 문화, 실용 통계, 수학과제 탐구	A/B/C/D/E	○
	영어	영어Ⅰ, 영어Ⅱ, 영어 독해와 작문, 영미 문학 읽기, 영어 발표와 토론, 심화 영어, 심화 영어 독해와 작문, 직무 영어, 실생활 영어 회화, 미디어 영어, 세계 문화와 영어	A/B/C/D/E	○
	사회	세계시민과 지리, 세계사, 사회와 문화, 현대사회와 윤리, 한국 지리 탐구, 도시의 미래 탐구, 동아시아 역사 기행, 정치, 법과 사회, 경제, 윤리와 사상, 인문학과 윤리, 국제 관계의 이해	A/B/C/D/E	○
		여행지리, 역사로 탐구하는 현대 세계, 사회문제 탐구, 금융과 경제생활, 윤리문제 탐구, 기후변화와 지속가능한 세계	A/B/C/D/E	×
	과학	물리학, 화학, 생명과학, 지구과학, 역학과 에너지, 전자기와 양자, 물질과 에너지, 화학 반응의 세계, 세포와 물질대사, 생물의 유전, 지구시스템과학, 행성우주과학	A/B/C/D/E	○
		과학의 역사와 문화, 기후변화와 환경생태, 융합과학 탐구	A/B/C/D/E	×
	체육	체육1, 체육2, 운동과 건강, 스포츠 생활1, 스포츠 생활2, 스포츠 문화, 스포츠 과학	A/B/C	×
	예술	음악, 미술, 연극, 음악 연주와 창작, 음악 감상과 비평, 미술 창작, 미술 감상과 비평, 음악과 미디어, 미술과 매체	A/B/C	×
	기술·가정	기술·가정, 로봇과 공학세계, 생활과학 탐구, 창의 공학 설계, 지식 재산 일반, 아동발달과 부모	A/B/C/D/E	○
	정보	정보, 인공지능 기초, 데이터 과학, 소프트웨어와 생활	A/B/C/D/E	○
	제2외국어	독일어, 프랑스어, 스페인어, 중국어, 일본어, 러시아어, 아랍어, 베트남어, 독일어 회화, 프랑스어 회화, 스페인어 회화, 중국어 회화, 일본어 회화, 러시아어 회화, 아랍어 회화, 베트남어 회화, 심화 독일어, 심화 프랑스어, 심화 스페인어, 심화 중국어, 심화 일본어, 심화 러시아어, 심화 아랍어, 심화 베트남어, 독일어권 문화, 프랑스어권 문화, 스페인어권 문화, 중국어권 문화, 일본어권 문화, 러시아어권 문화, 아랍어권 문화, 베트남어권 문화	A/B/C/D/E	○
	한문	한문, 한문 고전 읽기, 언어생활과 한자	A/B/C/D/E	○
	교양	진로와 직업, 생태와 환경, 인간과 철학, 논리와 사고, 인간과 심리, 교육의 이해, 삶과 종교, 보건, 인간과 경제활동, 논술	P	

Memo

PART

3

대학 입학전형과 과목 선택

대학 입학전형에서 자신의 희망 진로에 맞는 과목을 선택하는 것은 매우 중요하다. 단순히 학습 부담이나 석차 등급의 유불리를 중심으로 과목을 선택하는 것은 바람직하지 않으며, 자신에게 흥미가 있는 진로와 관련된 과목이라면 다소 부담이 따르더라도 선택하고 이수하는 것이 좋다. 기억해야 할 것은 선택 과목도 중요하지만 전공을 불문하고 대학 공부의 기초가 되는 국어, 영어, 수학 과목과 자신이 진학을 희망하는 전공(계열)에서 필요한 과목 모두에 충실해야 한다는 것이다. 또한 스스로 선택하고 의미를 부여하여 공부하는 것이 중요하다.

자신이 배우고 싶은 과목이 개설되지 않거나 학교 여건상 배우기 어려운 과목이 있는 경우는 주문형 강좌, 학교 간 공동교육과정, 온라인 공동교육과정 등을 신청하여 이수할 수 있다.

1 대입 전형과 과목 선택

학생부종합전형에서는 지원자가 진로를 선택하고 탐색해 가는 과정이 매우 중요하다. 각 대학에서 중요하게 바라보는 요소들은 대개 비슷하다. 학생부종합전형 주요 평가 요소는 학업 역량, 진로 역량, 공동체 역량 등으로 구분할 수 있는데, 이 중 교과와 관련된 항목은 학업 역량과 진로 역량이다.

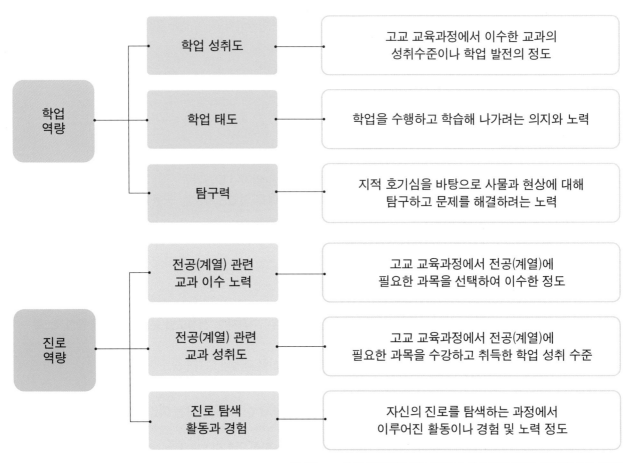

〈출처〉 new 학생부종합전형 공통 평가요소 및 평가항목(서울 소재 5개 대학, 2022)

학생부종합전형에서 학업 역량과 진로 역량의 세부 평가내용은 다음과 같다.

1 학업 역량 세부 평가내용

① 학업성취도

- 대학 수학에 필요한 기본 교과목(예: 국어, 수학, 영어, 사회/과학 등)의 교과 성적은 적절한가?
- 기본 교과목 외의 교과목(예: 예술·체육, 기술·가정/정보, 제2외국어/한문, 교양 등)의 교과성적은 어느 정도인가?
- 유난히 소홀한 과목이 있는가?
- 학기별/학년별 성적의 추이는 어떠한가?

② 학업태도

- 성취동기와 목표의식을 가지고 자발적으로 학습하려는 의지가 있는가?
- 새로운 지식을 획득하기 위해 자기주도적으로 노력하고 있는가?
- 교과 수업에 적극적으로 참여해 수업 내용을 이해하려는 태도와 열정이 있는가?

③ 탐구력

- 교과와 각종 탐구활동 등을 통해 지식을 확장하려고 노력하고 있는가?
- 교과와 각종 탐구활동에서 구체적인 성과를 보이고 있는가?
- 교내 활동에서 학문에 대한 열의와 지적 관심이 드러나고 있는가?

2 진로 역량 세부 평가내용

① 전공(계열) 관련 교과 이수 노력

- 전공(계열)과 관련된 과목을 적절하게 선택하고, 이수한 과목은 얼마나 되는가?
- 전공(계열)과 관련된 과목을 이수하기 위하여 추기적인 노력을 하였는가?(예: 공동교육과정, 온라인 수업, 소인수 과목 등)
- 선택 과목(일반/진로/융합)은 교과목 학습단계(위계)에 따라 이수하였는가?

② 전공(계열) 관련 교과 성취도

- 전공(계열)과 관련된 과목의 석차등급/성취도, 원점수, 이수단위, 수강자수, 성취도별 분포비율 등을 종합적으로 고려한 성취수준은 적절한가?
- 전공(계열)과 관련된 동일 교과 내 일반 선택 과목 대비 진로 선택 과목의 성취수준은 어떠한가?

③ 진로 탐색 활동과 경험: 자신의 진로를 탐색하는 과정에서 이루어진 활동이나 경험 및 노력 정도

- 자신의 관심 분야나 흥미와 관련한 다양한 활동에 참여하여 노력한 경험이 있는가?
- 교과 활동이나 창의적 체험활동에서 전공(계열)에 대한 관심을 가지고 탐색한 경험이 있는가?

3 주요 대학의 '전공적합성', '전공준비도' 평가 기준

학생부종합전형을 시행하는 대학에서는 해당 학교의 교육과정 안에서 어떤 교과를 선택하고 이수하였는지를 전공 관련 학업 역량 평가에 있어 중요하게 활용한다.

❖ 주요 대학의 2025학년도 학생부종합전형 전공 관련 평가 기준 ❖

대학	평가요소	평가내용
건국대	• 학업 역량 • 진로 역량	· 학업성취도 · 학업태도 · 탐구력 · 전공(계열) 관련 교과 이수 노력 · 전공(계열) 관련 교과 성취도 · 진로 탐색 활동과 경험
광주교대	• 학업 역량 • 교직적합성	· 전 교과목의 학업성취 수준과 내용 · 학업관리역량을 통한 성장 정도 · 교과활동 중에 드러나는 문해력 및 탐구력 · 교과목 간 융합 및 연계를 통한 지적 호기심 해결 경험 · 학교교육과정의 교과위계에 따른 교과 이수의 충실성 · 교과활동에서 예비교사로서의 자질을 발휘한 경험 · 교과활동에서 습득한 지식을 활용하여 문제를 해결한 경험
단국대	• 학업 역량 • 전공적합성 (진로 역량)	· 교과의 학업성취도 수준 및 학업발전의 정도 · 자기주도적인 학업수행 의지와 노력 · 전공(계열) 관련 이수 교과의 학업성취도 수준 및 학업발전의 정도 · 전공(계열) 관련 선택 과목 참여 정도 · 전공(계열) 관련 활동에 대한 경험과 노력
동국대	• 학업 역량 • 전공적합성	· 교과: 선택 과목 이수 노력 및 수업태도 등 · 전공 관련 교과목의 학업 이수 과정 · 전공 관련 교과목의 학업성취도 · 교과: 전공 관련 선택 교과목의 탐구과정과 노력 · 교과성적 및 세부능력 및 특기사항을 통한 정성평가
명지대	• 학업 역량 • 전공적합성	· 교과목의 석차등급, 원점수, 교과목 이수현황 등에서 나타난 학업적 성취수준 · 학업의 심화 및 확장 정도 · 학업의지 및 노력 정도 · 고교교육과정 내에서 이루어지는 지원 전공관련 이수 과목 및 과정
서울대	• 학업능력 • 학업태도	· 교과 관련 성취 수준(정성평가) · 세부능력 및 특기사항(교과별 학습 활동 및 과제 수행 내용) · 창의적 체험활동(학업 관련 동아리 활동, 탐구 활동) · 세부능력 및 특기사항(수업참여도 및 태도, 심화과목 선택 노력 등) · 창의적 체험활동(동아리 활동, 진로 관련 활동 참여도 및 노력, 탐구활동)
서울시립대	• 학업 역량 • 잠재 역량	· 대학 학업 수행의 기초가 되는 고등학교 교과 학업성취도 · 고교생활을 통해 진로 및 전공분야 탐구에 대하여 학습한 경험 및 교육활동 실적 · 관심분야 탐구와 관련된 교육 활동 간의 연계성 및 심화학습 수준 · 전공과 직·간접적으로 관련된 문제를 탐구하고 대안을 제시한 경험 및 활동 실적

대학	평가요소	평가내용
서울여대	· 학업 역량 · 진로 역량	· 학업성취도 · 학업태도 · 탐구력 · 전공(계열) 관련 교과 이수 노력 · 전공(계열) 관련 교과 성취도 · 진로 탐색 활동과 경험
성균관대	· 학업 역량	· 계열·학과 관련 교과목 이수 및 성취도 · 계열·학과 관련 활동 및 경험 · 전공 분야에 대한 관심과 열의 · 선택교과 이수 현황 등을 통해 드러난 자기주도적인 학업태도 · 이수한 교과목의 성취수준
숭실대	· 학업 역량 · 진로 역량	· 교과 성적 · 학업수행 성실성 · 전공(계열)적합성 · 진로탐색 노력 · 선택과목 이수 적절성 및 성취수준 · 전공(계열) 탐구를 위한 자기주도적인 노력과 탐구 과정

이화여대	· 학업 역량
	· 학교활동의
	  우수성
	  발전가능성
		· 학업성취도
		· 교과목 이수 현황
		· 지원 계열 관련 과목 이수 및 성취도
		· 고교 교육 환경
		· 지원계열 교과목 이수 현황
		· 지원계열 관련 과목 성취도
		· 학업 태도 및 학업의지
		· 탐구 능력
		· 지원계열 탐색 노력
		· 창의력 및 문제해결 능력
		· 자기주도성 및 성장 잠재력

충북대	· 학업 역량 · 진로 역량	· 고교 교육과정에서 이수한 교과의 성취수준이나 학업 발전의 정도 · 학업을 수행하고 학습해 나가려는 의지와 노력 · 지적 호기심을 바탕으로 사물과 현상에 대해 탐구하고 해결하려는 노력 · 고교 교육과정에서 전공(계열)에 필요한 과목을 선택하여 이수한 정도 · 고교 교육과정에서 전공(계열)에 필요한 과목의 학업 성취 수준
한양대	· 종합성취도	· 비판적 사고 역량 · 창의적 사고 역량 · 자기주도 역량

⟨출처: 각 대학 모집 요강 및 학종 가이드북에서 발췌⟩

4 과목 선택 가이드: 대학 자연계열 전공 학문 분야의 교과 이수 권장과목

서울 소재 5개 대학이 2022년 공동 연구를 통해서 '자연계열 전공 학문 분야별 교과 이수 권장과목'을 소개하고 있다. 학생은 자신의 진로희망에 맞춰 전공 분야에서 요구하는 과목을 선택하여 이수하는 것이 중요하다.

| 핵심과목 | ➝ | 학과(부)에서 수학하기 위해 '필수' 이수를 권장하는 과목 |
| 권장과목 | ➝ | 학과(부)에서 수학하기 위해 '가급적' 이수를 권장하는 과목 |

*본 과목 선택 가이드는 2015 개정 교육과정 선택 과목을 기반으로 제시함.

학문 분야	모집단위(5개 대학)	핵심과목		권장과목	
		수학교과	과학교과	수학교과	과학교과
수학	〈경희대〉 수학과, 응용수학과 〈고려대〉 수학과, 수학교육과 〈성균관대〉 수학과, 수학교육과, 통계학과 〈연세대〉 수학과, 응용통계학과 〈중앙대〉 수학과	수학 I 수학 II 미적분 기하	-	확률과 통계	-
컴퓨터	〈경희대〉 소프트웨어융합학과, 컴퓨터공학부 인공지능학과, 컴퓨터공학부 컴퓨터공학과 〈고려대〉 데이터과학과, 사이버국방학과, 스마트보안학부, 컴퓨터과학과 〈성균관대〉 소프트웨어학과, 컴퓨터교육과 〈연세대〉 IT융합공학과, 인공지능학과, 컴퓨터과학과 〈중앙대〉 AI학과, 산업보안학과, 소프트웨어학부, 예술공학부	수학 I 수학 II 미적분 기하	-	확률과 통계 인공지능수학	-
산업	〈경희대〉 산업경영공학과 〈고려대〉 산업경영공학부 〈성균관대〉 시스템경영공학과 〈연세대〉 산업공학과	수학 I 수학 II 미적분 확률과 통계	-		-
물리	〈경희대〉 물리학과, 응용물리학과 〈고려대〉 물리학과 〈성균관대〉 물리학과 〈연세대〉 물리학과 〈중앙대〉 물리학과	수학 I 수학 II 미적분 기하	물리학 I 물리학 II	확률과 통계	화학 I
기계	〈경희대〉 기계공학과 〈고려대〉 기계공학부 〈성균관대〉 기계공학부 〈연세대〉 기계공학부 〈중앙대〉 기계공학부	수학 I 수학 II 미적분 기하	물리학 I 물리학 II 화학 I	확률과 통계	화학 II
전기 · 전자	〈경희대〉 생체의공학과, 전자공학과, 정보디스플레이학과 〈고려대〉 반도체공학과, 전기전자공학부 〈성균관대〉 반도체시스템공학과, 전자전기공학부 〈연세대〉 시스템반도체공학과, 전자전기공학부 〈중앙대〉 전자전기공학부	수학 I 수학 II 미적분 기하	물리학 I 물리학 II 화학 I	확률과 통계	-

학문 분야	모집단위(5개 대학)	핵심과목		권장과목	
		수학교과	과학교과	수학교과	과학교과
건설 / 건축	〈경희대〉 건축공학과, 건축학과, 사회기반시스템공학과 〈고려대〉 건축사회환경공학부, 건축학과 〈성균관대〉 건설환경공학부, 건축학과 〈연세대〉 건축공학과, 도시공학과, 사회환경시스템공학부 〈중앙대〉 사회기반시스템공학부 건설환경플랜트공학, 　　　　　 사회기반시스템공학부 도시시스템공학, 건축학부	수학 I 수학 II 미적분	-	확률과 통계 기하	물리학 I
화학	〈경희대〉 응용화학과, 화학과 〈고려대〉 화학과 〈성균관대〉 화학과 〈연세대〉 화학과 〈중앙대〉 화학과	수학 I 수학 II 미적분 확률과 통계	화학 I 화학 II	기하	물리학 I 물리학 II 생명과학 I
재료 / 화공 고분자 에너지	〈경희대〉 원자력공학과, 정보전자신소재공학과, 화학공학과 〈고려대〉 신소재공학부, 융합에너지공학과, 화공생명공학과 〈성균관대〉 나노공학과, 신소재공학부, 화학공학/고분자공학부 〈연세대〉 디스플레이융합공학과, 신소재공학부, 화공생명공학부 〈중앙대〉 에너지시스템공학부, 융합공학부, 첨단신소재공학과, 　　　　　 화학공학과	수학 I 수학 II 미적분	물리학 I 화학 I 화학 II	확률과 통계 기하	물리학 II
생명 과학환경 / 생활과학 / 농림	〈경희대〉 생물학과, 스마트팜과학과, 식물·환경신소재공학과, 　　　　　 식품생명공학과, 식품영양학과, 유전생명공학과, 　　　　　 한방생명공학과, 환경학및환경공학과 〈고려대〉 가정교육과, 생명공학부, 생명과학부, 식품공학과, 　　　　　 환경생태공학부 〈성균관대〉 글로벌바이오메디컬공학과, 바이오메카트로닉 　　　　　 스학과, 생명과학과, 식품생명공학과, 융합생명공학부 〈연세대〉 생명공학과, 생화학과, 시스템생물학과 〈중앙대〉 생명과학과, 생명자원공학부 동물생명공학, 생명 　　　　　 자원공학부, 식물생명공학, 시스템생명공학과, 　　　　　 식품공학부 식품공학, 식품공학부 식품영양	수학 I 수학 II	화학 I 생명과학 I 생명과학 II	미적분 확률과 통계	화학 II
천문 · 지구	〈경희대〉 우주과학과, 지리학과 〈고려대〉 지구환경과학과 〈연세대〉 대기과학과, 지구시스템과학과, 천문우주학과	수학 I 수학 II 미적분	물리학 I 화학 I 지구과학 I 지구과학 II	확률과 통계 기하	물리학 II
의학	〈경희대〉 의예과, 한의예과, 치의예과 〈고려대〉 의학과 〈성균관대〉 의예과 〈연세대〉 의예과, 치의예과 〈중앙대〉 의학부	수학 I 수학 II 미적분	화학 I 생명과학 I 생명과학 II	확률과 통계	물리학 I 화학 II
약학	〈경희대〉 약학과, 한약학과, 약과학과 〈성균관대〉 약학과 〈연세대〉 약학과 〈중앙대〉 약학부	수학 I 수학 II 미적분	화학 I 화학 II 생명과학 I 생명과학 II	확률과 통계 기하	물리학 I
간호 / 보건	〈경희대〉 간호학과 〈고려대〉 간호학과, 바이오시스템의과학부, 바이오의공학부, 　　　　　 보건환경융합과학부 〈연세대〉 간호학과 〈중앙대〉 간호학과	수학 I 수학 II 확률과 통계	생명과학 I 생명과학 II	미적분	화학 I 화학 II

〈출처: 고등학교 교과이수 과목의 대입전형 반영 방안 연구(2020년)〉

2 정시 전형과 과목 선택

1 정시 전형에서의 교과평가

가장 먼저 정시에서 교과평가를 실시한 서울대의 경우 내신 등급에 따라 기계적으로 나뉘는 정량평가가 아니라 학생부 기록 등을 종합적으로 평가하는 정성평가, 절대평가 방식을 적용하고 있다.

학생부의 교과학습발달상황(교과이수 현황, 교과 학업성적, 세부능력 및 특기사항)만 반영하여 모집단위 관련 학문 분야에 필요한 교과이수 및 학업수행의 충실도를 평가한다.

과목 이수 내용

평가 내용	교과학습발달상황 영역
• 교과(목)별 위계에 따른 선택 과목 이수 내용 • 진로·적성에 따른 선택 과목 이수 내용	교과(목) 이수 현황

교과 성취도

평가 내용	교과학습발달상황 영역
• 기초 교과 영역 및 모집단위 관련 교과 성취도의 우수성 (과목 수준, 수강자 수, 원점수, 평균, 성취도별 분포비율 등을 고려)	교과(목) 학업성적

교과 학업 수행 내용

평가 내용	교과학습발달상황 영역
• 교과(목)별 수업 활동에서 나타나는 학업수행의 충실도	세부능력 및 특기사항

2 교과 이수 기준 제시

서울대학교는 고등학교 학생들이 교육과정을 충실히 이수하여 대학 교육에 필요한 기본 소양을 갖추도록 2005학년도부터 교과 이수 기준을 제시하고 있다. 서울대학교의 교과 이수 기준은 지원자격과는 관련이 없지만 교과 이수 기준 충족 여부는 수시모집 서류평가 및 정시모집 교과평가에 반영한다.

2015 개정 교육과정의 교과 영역에 따른 교과 이수 기준 I 과 선택 과목 유형에 따른 교과 이수 기준 II 를 다음과 같이 제시하며 기준 I 과 기준 II 를 동시에 충족할 수 있도록 과목을 이수할 것을 권장한다.

서울대학교 교과 이수 기준 I

교과 영역	모집 단위	교과 이수 기준 I
탐구	전 모집 단위 공통	사회(역사/도덕) 교과 중 3과목 + 과학 교과 중 3과목 이수 또는 사회(역사/도덕) 교과 중 2과목 + 과학 교과 중 4과목 이수
생활·교양		제2외국어 또는 한문 중 1과목 이수

* 진로희망에 따라 과학 II 과목 이수를 권장함

서울대학교 교과 이수 기준 II

교과(군)	교과 이수 기준 II	
수학	일반 선택 4과목 또는 일반 선택 3과목+진로 선택 1과목	2개 교과(군) 이상에서 충족
과학	일반 선택 3과목+진로 선택 2과목 또는 일반 선택 2과목+진로 선택 3과목	
사회*	일반 선택 3과목+진로 선택 1과목 또는 일반 선택 2과목+진로 선택 2과목	

* 사회는 국제계열 교과 포함

● 학생의 교과 이수 기준 충족 여부 확인 시 교육부 및 교육청에서 개설한 '공동교육과정, 온라인 공동교육과정 및 온라인 수업'을 통해 이수한 과목도 포함한다.

● 전문교과는 진로 선택 과목으로 분류한다.

3 과목 선택 시 유의사항

공통 과목 이수 후 일반 선택 과목이나 진로 선택 과목, 융합 선택 과목을 이수한다.

2022 개정 고등학교 교육과정은 선택 중심 교육과정 체제이기 때문에 기본적으로 단위 학교의 실정 및 학생 요구, 과목의 성격 등을 고려하여 자율적으로 과목을 선택하여 편성할 수 있다. 다만 선택 과목 중에서 위계성을 갖는 과목은 계열성을 고려하여 선택하여야 한다.

2, 3학년 동안 교과 영역 간 선택 과목에서 사회 교과(군) 1개 과목과 과학 교과(군) 1개 과목을 필수로 선택해야 한다.

2학년 과목 선택 시에 같은 교과(군)에서 3개를 선택했다면 3학년 과목 선택 시에는 현재 선택하지 않은 교과(군)에서 1개 과목을 선택해야 한다.(탐구 교과의 필수이수 학점을 충족)

고등학교 3년간 진로 선택 과목을 3과목 이상 필수 선택해야 한다.

일반 선택 과목과 진로 선택 과목, 융합 선택 과목 구분은 위계에 따른 구분이 아니다.

선택 과목 중에서 위계성을 갖는 과목은 계열적 학습이 가능하도록 편성해야 한다. 일반 선택 과목과 진로 선택 과목, 융합 선택 과목의 구분은 과목의 성격에 따른 구분이며 전적으로 위계에 따른 구분이 아니다.

Ⅰ, Ⅱ로 구분되어 있는 과목은 Ⅰ을 먼저 이수한 후 Ⅱ를 이수한다.

Ⅰ과 Ⅱ로 구분되어 있는 과목의 경우 특별한 경우를 제외하고는 Ⅰ을 먼저 이수한 후 Ⅱ를 이수하도록 한다. 2022 개정 교육과정에서 위계를 갖춘 과목은 대체로 Ⅰ과 Ⅱ로 표시된 과목들이다.

Memo

PART

4

대학 계열 소개 및 선택 과목

대학에 개설되어 있는 학과들의 학문 성격이나 교육목표 등을 분석하여 관련이 있거나 유사한 학과를 묶어서 체계화한 것을 대학 계열이라 한다. 본 책에서는 한국교육개발원에서 제시한 '2023 학과(전공) 분류 자료집'에서 분류한 대분류 기준으로 인문계열, 사회계열, 자연계열, 공학계열, 의약계열, 예체능계열, 교육계열 등 7개 계열로 구성하였다.

계열별 선택 과목 제시에 있어 국어, 영어 교과의 일반 선택 과목은 도구 교과(모든 학생이 배우는 교과) 성격이므로 이에서 제외하였음을 밝힌다.

대학 계열 분류

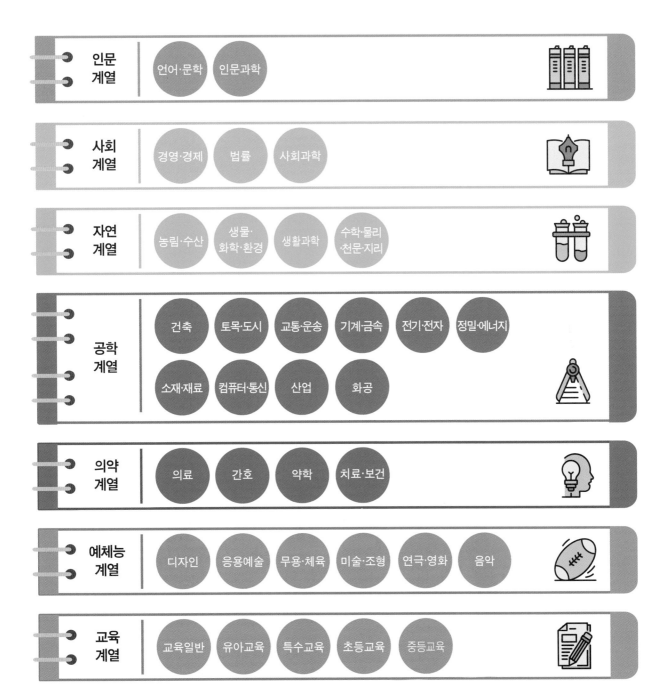

1 인문계열

인간과 인간의 문화, 또는 인간의 가치와 인간만이 지닌 자기표현 능력을 바르게 이해하기 위한 과학적인 연구 방법에 관심을 갖는 학문 분야이다. 단순히 전문지식을 연구하는 데 그치지 않고 '삶'과 '앎' 그리고 '함'에 대한 보편적 진리와 가치를 함양하고 전수하는 기초 학문에 속한다. 언어·문학, 인문과학으로 분류한다.

1 언어·문학

언어·문학 영역은 인류가 사용하고 있는 각종 언어를 과학적으로 연구하는 언어학과 언어를 표현 매체로 하는 예술 활동 및 그 작품을 포함하는 문학 등을 기본으로 연구하는 학문이다.

 국어국문학과, 노어노문학과, 독어독문학과, 독일학과, 문예창작학과, 불어불문학과, 서어서문학과, 언어학과, 영어영문학과, 일어일문학과, 중국어문학전공, 중국어비지니스학과, 중국학과, 중동학과, 중어중문학과, 한국어학과 등

2 인문과학

인간의 사상 및 문화를 연구하는 영역으로 문헌정보학, 문화·민속·미술사학, 역사학, 고고학, 철학, 윤리학 등 언어·문학을 제외한 나머지 인문계열이 해당된다.

국도서관학과, 문헌정보학과, 고고학과, 고고미술사학과, 민속학과, 인류학과, 문화재학과, 심리학과, 상담학과, 상담심리학과, 동양사학과, 서양사학과, 사학과, 종교학과, 윤리학과, 철학과 등

2 사회계열

사회의 여러 현상을 과학적이고 체계적으로 연구하며 인간 생활과 밀접한 관련이 있는 분야를 다룬다. 개인이나 국가 발전을 위해 사회의 변화를 분석하고 대안을 제시하는 등 현대 사회 발전에 많은 영향을 미치고 있는 계열이다. 경영·경제, 법학·행정, 사회과학으로 분류한다.

1 경영·경제

국민경제와 기업의 발전을 위해 효율적이고 수익성의 향상을 위한 계획이나 조직체계의 개선책에 관해 연구하고, 그것을 실천하는 것을 학문 목표로 한다.

> 경영학과, 국제통상학과, 금융보험학과, 부동산학과, 경제학과, 농업경제학과, 산업경제학과, 수산경제학과, 무역경제학과, 관광학과, 항공관광학과, 광고홍보학과, 스포츠마케팅학과, 언론홍보학과, 금융보험학과, 세무학과, 회계학과, 응용통계학과, 무역학과, 호텔경영학과 등

2 법학·행정

법의 현상을 연구의 대상으로 법에 관한 체계적인 인식을 목적으로 하는 법학과 행정 현상에 대한 이론적, 실제적 연구를 체계적으로 배우는 분야이다. 인간생활에 직접적으로 영향을 미치고 경제제도, 세제개혁, 도시계획 등 다양한 분야를 다루는 종합 학문이다.

> 경찰행정학과, 군사학과, 공공인재학부, 국제법무학과, 교정보호학과, 도시행정학과, 법무행정학과, 법학과, 소방행정학과, 정치국제학과, 정치학과, 정치외교학과, 지식산업법학과, 행정학과 등

3 사회과학

인간과 인간 사이의 관계에서 발생하는 복잡한 사회현상과 인간의 사회적 행동을 탐구하는 과학의 한 분야이다.

> 가족복지학과, 노인복지학과, 사회복지학과, 산업심리학과, 상담심리학과, 상담학과, 소비자학과, 아동복지학과, 청소년학과, 심리학과, 도시계획학과, 사회학과, 신문방송학과, 언론정보학과, 미디어커뮤니케이션학과, 재활복지학과, 장례지도학과, 비서학과 등

3 자연계열

자연현상의 기본적인 원리를 탐구하고 새로운 자연법칙을 개발하는 기초과학인 자연과학에 바탕을 두고 있는 영역이다. 과학(물리학, 화학, 생명과학, 지구과학), 수학 등의 자연 질서와 논리학에 대하여 탐구 및 연구하는 계열이다. 국가 산업발전의 원동력이 되는 신지식을 만들어내는 데 있어 핵심적인 역할을 수행하며, 농림·수산, 생물·화학·환경, 생활과학, 수학·물리·천문·지리 분야로 분류한다.

1 농림·수산

토지를 이용하여 동식물을 길러 생산물을 얻어내는 농학 분야, 산림을 유지·조성하고 경제적으로 이용하는 임학, 바다·호수·하천 등의 물속에 사는 생물을 이용·개발하는 수산학이 해당한다.

 농생물학과, 동물생명과학과, 동물자원학과, 애완동물자원학과, 산림학과, 산림자원학과, 산림조경학과, 산림환경과학과, 수산학과, 수산생명의학과, 임산생명공학과, 원예생명공학과, 원예학과, 조경학과, 축산학과, 특수동물학과 등

2 생물·화학·환경

생물의 구조와 기능을 과학적으로 연구하는 생물학, 물질의 성질·조성·구조 및 그 변화를 연구 대상으로 하는 화학, 자연과학의 기초 이론을 토대로 환경문제를 연구하는 환경학 등을 연구하는 영역이다.

 생명공학과, 생명과학과, 유전공학과, 미생물학과, 바이오공학과, 분자생물학과, 생물학과, 생물과학과, 응용생물학과, 해양생물공학과, 화학과, 화학분자공학과, 화학생명과학과, 화학생화학과, 화학코스메틱스학과, 생화학과, 응용화학과, 환경대기과학과, 환경보건과학과, 환경생명공학과, 환경생명화학과, 환경재료과학과, 산업환경보건학과, 환경학과 등

3 생활과학

인간 생활의 질적 향상을 위해 가정생활에서 이루어지는 인간의 여러 활동을 분석하고 생활환경을 과학적으로 탐구하는 학문이다. 예전에는 주로 음식의 조리나 재봉 등의 가사작업의 기술을 소개하는 정도였으나, 점차 영양학·위생학 등이 가정학에 포함되었다. 식품영양학과 의상학(의류학), 조리학 등으로 분류된다.

 식품개발학과, 식품영양·가공학과, 식품영양학과, 식품영양과학부, 식품외식산업학과, 외식산업학부, 한식조리학과, 호텔외식조리학과, 호텔조리학과, 소비자주거학과, 가족주거학과, 주거환경학과, 생활과학부, 의류학과, 의류환경학과, 패션디자인학과, 패션의류학과, 패션산업학과, 의상학과, 의류패션학과 등

4 수학·물리·천문·지리

일상생활에서 중요한 수·양에 관한 학문인 수학 및 통계학, 물질의 운동 형태를 연구하는 물리학, 우주 전체에 관한 연구와 기후에 관한 연구를 하는 천문학 및 기상학, 지구 전반에 걸친 분야를 연구하는 지구과학, 세계 여러 지역을 종합적으로 연구하는 학문인 지리학 등이 해당한다.

 수학과, 응용수학과, 수리과학부, 수리금융학과, 응용수학과, 데이터정보학과, 빅데이터·응용통계학전공, 통계학과, 정보통계학과, 응용통계학과, 물리학과, 나노물리학과, 나노전자물리학과, 물리반도체과학부, 응용물리학과, 전자물리학과, 대기과학과, 대기환경과학과, 우주과학과, 지구시스템과학과, 지구해양과학과, 지질학과, 지질환경과학과, 해양학과, 해양과학과, 해양환경학과 등

4 공학계열

인간의 삶의 질을 향상시키기 위하여 천연자원을 과학적 지식과 기술을 이용하여 인간에게 유용한 제품을 만드는 학문 영역이다. 주로 기계·장치 또는 가공된 재료 등 인위적인 자연을 대상으로 하고, 자연의 법칙을 탐구하며, 정확한 판단력과 실천력을 갖춘 과학 기술 분야의 인재 양성을 목표로 한다. 건축, 토목·도시, 교통·운송, 기계·금속, 전기·전자, 정밀·에너지, 소재·재료, 컴퓨터·통신, 산업, 화공으로 분류한다.

1 건축

건축학은 건축과 관련된 학문 분야로서, 건축에 필요한 모든 학문과 지식을 종합해서 분야별로 체계화한 것이라고 말할 수 있다. 건축학은 여러 부문의 학문을 종합해서 그 시대의 사회적 요구를 충족시킴으로써 그 시대의 건축문화를 창조하는 기초학문이라고도 할 수 있다. 우리가 외부 환경으로부터 보호받고, 사용 목적과 용도에 따라 건축물을 편리하고 쉽고 편안하게 이용할 수 있도록 건축물을 설계하고 만드는 방법에 대해 배우며, 역사, 문화, 예술, 인문학적 지식과 건축 관련 전문적 지식까지 종합적인 이론과 실습을 바탕으로 건축물을 만들 수 있는 인재를 양성하는 것을 목표로 한다.

 건설공학과, 건설기스템공학과, 건설방재공학부, 건축공학과, 건축디자인학과, 건축설비공학과, 건축융복합학과, 건축학과, 도시건축학부, 실내건축학과, 조경학과 등

2 토목·도시

토목은 인류 역사상 가장 오래된 학문으로 일컬어진다. 토목공학은 대규모의 사회기반 시설, 즉 다리, 댐, 도로, 상/하수도 등의 시설이나 공항, 지하철 등 많은 사람이 이용하는 큰 구조물 등을 건설하는 것을 목적으로 한다.

도시학은 도시계획, 도시교통, 도시설계, 도시환경 분야의 전반에 걸친 다양한 도시공학 지식습득을 통해 학문적 기반을 마련하는 학문으로, 도시공학은 사회적 현상에 대해 분석하고 공간과 사회, 제도 및 정책 등이 핵심 연구 분야이다.

공간정보공학과, 교통시스템공학과, 도시계획공학과, 도시공학과, 지역건설공학과, 토목건축공학과, 토목공학과, 토목환경공학과, 해양토목공학과 등

3 기계·금속

기계 및 관련 장치 설비의 설계·제작·성능·이용·운전 등에 관하여 기초적·응용적 분야를 연구하는 기계공학 및 관련 학문과 금속을 연구대상으로 하는 학문인 금속학과 활용목적에 적합한 금속재료를 만드는 활동 및 연구와 관련된 금속공학 등에 바탕을 둔다.

기계공학과, 기계ICT공학과, 기계IT융합공학과, 기계·자동차공학과, 기계로봇공학과, 기계시스템공학과, 기계정보공학과, 나노메카트로닉스공학과, 미래자동차공학과, 스마트기계공학과, 에너지기계공학과, 융합기계공학과, 메카트로닉스공학과, 금속공학과, 금속재료공학전공, 신소재금속공학과, 신소재공학과, 신소재공학부 등

4 전기·전자

전기 및 자기 현상과 그 이용기술에 관해 연구하는 전기공학과 전자의 흐름으로 만들어진 전기를 에너지로 사용하여 우리 생활에 필요한 제품을 연구 개발하는 전자공학이 해당한다. 특히 전자공학은 20세기 후반 과학기술 발전의 중심이 되면서 우리의 일상생활을 크게 변화시키고 있다.

전기공학과, 전기및제어공학과, 전기시스템공학과, 전기정보공학과, 전자공학과, 전자·정보통신공학과, 전자로봇공학과, 전자제어공학과, 전기전자공학과, 항공전자공학과, 전자전기공학부, 전기전자제어공학부, 반도체공학과, IT융합학과, 시스템반도체공학과, 융합전자공학전공 등

5 정밀·에너지

정밀·에너지 공학은 정밀도가 높고 극히 작은 오차의 범위가 요구되는 현상 및 기기 등을 공학적으로 연구하고, 인류의 생활과 경제 활동을 영위하기 위해 필요한 에너지를 획득할 수 있는 자원에 대해 연구하는 학문이다.

광공학과, 에너지공학과, 에너지공학부, 에너지시스템학과, 에너지자원공학과, 에너지환경공학과, 나노에너지공학과, 미래에너지공학과, 스마트에너지시스템학과, 신재생에너지공학과, 원자력에너지융합학과, 원자력공학과, 원자핵공학과, 청정융합에너지공학과, 환경에너지공학과, 환경에너지학과 등

6 소재·재료·화공

산업발전에 필요한 종래에 없던 새로운 성능과 용도를 가지게 된 신소재를 연구하는 소재 분야와 각종 물질의 구조와 조직을 연구하는 재료, 정유 및 석유화학공업을 비롯하여 합성섬유, 합성고무, 플라스틱, 화약 등에 대해 연구하는 화학공업이 해당한다.

신소재공학과, 나노신소재공학과, 디스플레이신소재공학과, 바이오소재과학과, 섬유공학과, 섬유소재공학과, 세라믹신소재공학과, 신소재금속공학과, 재료화학공학과, 파이버시스템공학과, 재료공학과, 고분자공학과, 공업화학과, 화학공학과, 정밀화학공학과, 화공생명공학과, 화공생물공학과, 그린화학공학과, 바이오화장품학전공, 생명화학공학과, 에너지화학공학과, 유기나노공학과, 화장품공학부 등

7 컴퓨터·통신

정보화 사회에 핵심적인 역할을 수행하는 컴퓨터의 하드웨어와 소프트웨어, 프로그래밍 분야를 연구하는 컴퓨터공학 분야와 라디오, 전화 및 컴퓨터 네트워크 등 다양한 통신수단의 개발 및 연구를 하는 통신공학이 해당한다.

컴퓨터소프트웨어공학과, 컴퓨터공학과, 컴퓨터과학과, 컴퓨터융합공학과, 멀티미디어공학과, 모바일시스템공학과, 빅데이터공학과, 사이버국방학과, 사물인터넷학과, 소프트웨어공학과, 소프트웨어학과, 소프트웨어융합공학과, 정보통신공학과, 전자통신공학과, 해킹보안학과 등

5 의약계열

질병의 예방 및 치료를 연구하는 의학과 사람 또는 동물의 질병을 예방·치료하는 데 사용되는 의약품에 대해 연구하는 약학, 그리고 질병을 예방하고 건강을 유지·증진·회복하도록 돕는 간호학 등이 해당한다. 의료, 간호, 약학으로 분류한다.

1 의료

인체의 구조와 기능을 조사하여 보건, 질병이나 상해의 치료·예방 등에 관한 방법과 기술을 연구하는 의학, 건강한 치아를 유지하기 위한 이론과 기술을 연구하는 치의학, 우리나라 전통 의학인 한의학, 동물의 질병을 치료하고 예방하기 위한 수의학 등이 해당한다.

> 의예과, 의학과, 치의예과, 치의학과, 한의예과, 한의학과, 수의예과, 수의학과 등

2 간호

질병을 예방하고 건강의 유지·증진·회복을 돕는 전문적인 지식 및 기술을 연구하는 간호학이 해당한다.

> 간호학과, 간호학부, 간호과학과, 간호학전공 등

3 약학

사람이나 동물의 질병을 예방·치료하는 데 사용되는 의약품에 관한 기초 및 응용 과학을 연구하는 학문이다. 의약품의 생리활성, 생체 내에서의 동태, 신의약품 개발을 위한 질병발생 및 생명현상의 기본적 원리와 의약품의 제조·생산·관리 등이 주요 연구내용이다.

> 약학과, 약학부, 바이오제약산업학부, 약과학과, 위생제약학과, 제약학과, 한약학과, 생의생약학전공, 생의학화학과, 산업약학과 등

4 치료보건

보건학은 질병과 건강에 관련된 제반요인을 연구하고, 안전하고 깨끗한 환경을 위협하는 각종 요인을 찾아내어 분석하고, 자연환경 보전이나 유해물질 평가 및 개선, 그리고 학교 및 산업 현장의 안전·위생시설을 유지하기 위한 다양한 방법을 연구하는 학문이다.

> 물리치료학과, 방사선학과, 스포츠재활학과, 언어재활학, 언어치료학과, 응급구조학과, 의료공학과, 임상병리학과, 작업치료학과, 재활공학과, 재활학과, 직업재활과 등

6 예체능계열

인간의 미적 창조 활동인 음악, 미술, 연극, 영화 등의 예술 영역과 건강한 신체와 운동능력 육성을 목표로 하는 체육 영역이 해당한다. 빠르게 변화하는 예술 환경의 변화에 대처할 수 있는 전문 예술인과 신체활동을 통해 개인의 건강을 유지하거나 집단 활동으로 밝은 사회적 적응력을 키우는 데 이바지하는 건전한 체육인을 양성하는 것을 목표로 한다.

1 디자인

인간의 삶과 관련된 다양한 문제들을 찾아 해결하고 새로운 가치를 제안하는 영역으로 학문의 성격상, 예술, 인문학, 공학과 기술, 경영 등 인접 학문과 관계를 갖는 다학제적 특성을 지닌다. 여러 조형 요소 가운데 의도적으로 선택한 것을 합리적으로 구성하여 유기적인 통일을 얻기 위한 창조활동이다.

> 공간디자인학과, 공업디자인학과, 디자인과, 디자인학과, 디지털디자인학과, 멀티미디어디자인학과, 산업디자인학과, 스마트 시각디자인학과, 실내건축디자인학과, 실내디자인학과, 의상디자인학과, 제품디자인학과, 패션디자인학과 등

2 응용예술

실제적인 효용에 목적을 둔 예술영역을 의미하는데 공예, 장식미술을 비롯하여 과학기술의 발달로 각종 매체를 활용한 사진이나 영상, 애니메이션이 이에 포함된다.

> 공연영상학과, 만화애니메이션학과, 미디어디자인과, 방송영상과, 사진영상예술학과, 사진영상학과, 사진학과, 영상디자인과 등

3 무용·체육

체육은 운동, 스포츠 및 신체활동과 관련된 인간 움직임에 대한 전반적인 분야를 대상으로 하는 학문 영역으로 체육과 관련된 여러 분야를 종합적으로 학습한다. 무용은 인간의 기본적인 움직임을 토대로 내면세계를 역동적으로 표현하는 예술의 한 장르로 크게 한국무용, 현대무용, 발레 등으로 나뉜다.

> 무용과, 무용학과, 무용예술학과, 무용학부, 공연예술무용과, 민속무용학과, 발레전공, 한국무용전공, 현대무용전공, 경호과, 경기지도학과, 골프학과, 레저스포츠학과, 사회체육과, 생활체육학과, 스포츠과학과, 스포츠건강관리학과, 스포츠산업학과, 스포츠의학과, 스포츠헬스케어학과, 운동처방학과, 체육학과, 태권도학과, 해양스포츠학과 등

4 미술·조형

미술학은 인간의 미적 요구의 실현 및 미적 세계의 창조를 통해 삶의 질을 개선하고 생활공간을 예술화하는 학문이다. 조형은 일정한 세계상과 인간상을 미적, 조형적으로 표현하는 예술인 미술에 바탕을 두는데, 각종 재료를 사용하여 공간에 형태를 만드는 조형예술과 시각예술을 포함한다.

동양화과, 미술과, 미술학과, 서양화과, 회화학과, 산업미술과, 섬유미술과, 응용미술과, 조소과, 조형미술학과, 조형예술학과, 금속조형디자인과, 입체조형학과, 판화과, 공예과, 공예디자인학과 등

5 연극·영화

연극은 다양한 연기 관련 내용을 배우며 영화는 시나리오, 촬영, 연출, 편집 등 영화를 제작하는 데 필요한 전반적인 업무 실기를 배우게 된다. 실제의 공연을 보여주는 공연예술 또는 무대예술과 영상에 바탕을 두고 보여주는 복제예술의 성격을 갖는 영상예술이 포함된다.

공연예술과, 모델과, 방송기술학과, 방송연예과, 엔터테인먼트과, 연극영화학과, 연극전공, 연기예술학과, 영화전공

6 음악

소리를 이용하여 박자·선율·화성·음색 등을 일정한 법칙과 형식으로 종합해서 사상과 감정을 나타내는 예술 영역이다. '실용음악'과 '자유음악'으로 크게 나뉘며, 표현매체에 따라서는 성악과 기악으로 구분한다.

음악학과, 음악콘텐츠학과, 국악학과, 관현악과, 기악과, 피아노과, 성악과, 성악·뮤지컬과, 작곡과, 실용음악과, 뮤지컬학전공, K-POP학과, 공연예술학부, 교회음악과, 현대실용음악학과 등

7 교육계열

교육 분야에 종사할 교사와 교육 지도자를 양성하고, 교육 일반과 교과 교육원리의 교수 및 연구에 종사할 학자를 배출하는 것이 목표이다. 교직 이론 영역, 교과교육 영역, 교과 내용 영역 등을 배우며, 유아교육, 특수교육, 초등교육, 중등교육으로 분류한다.

1 유아교육

유아교육은 출생에서부터 만 6세까지, 즉 인간발달 단계에서 유아기에 해당하는 교육으로 취학 전 교육으로 불리기도 한다. 최근에는 유아교육에 대한 관심이 높아지면서 영아교육 및 영·유아교육을 통틀어 유아교육이라고 부르고 있다.

> 보육학과, 영유아보육학과, 영유아학과, 아동보육학과, 유아교육과, 유아교육학과 등

2 특수교육

신체적·정신적·사회적 발달의 장애 등으로 인하여 특수한 교육적 요구를 지닌 아동을 대상으로 하는 교육 영역이다. 시청각장애, 지체장애, 지적장애 등 각 장애의 특성에 맞는 교과과정에 따라 교육을 실시한다.

> 특수교육학과, 특수교육학부, 초등특수교육학과, 유아특수교육학과, 유아특수재활학과, 중등특수교육과,
> 중등특수교육학과, 특수체육교육과, 특수체육교육학과 등

3 초등교육

초등교육은 민주국가 국민으로서 누구나 받아야 할 기초교육이며, 인간의 성장 과정에서 반드시 이수해야 하는 의무교육의 성격을 가지고 있다. 신체적·정신적·사회적·정서적 또는 지적으로 균형 잡힌 성장·발달을 기할 수 있는 기초교육 영역이다.

> 초등교육과, 초등교육학과 등

4 중등교육

12, 13세부터 18, 19세까지의 청소년을 대상으로 하며, 초등교육과 고등교육의 중간 단계의 교육 영역이다. 진학을 위한 준비교육 또는 전문지식·기술의 습득 등을 목표로 하는 교육 영역이다.

> 국어교육학과, 독일어교육과, 불어교육과, 영어교육학과, 일어교육과, 한문교육과, 윤리교육학과, 국사교육과,
> 사회교육과, 일반사회교육과, 지리교육과, 건축공학교육과, 금속공학교육과, 기계공학교육과, 전기공학
> 교육과, 컴퓨터교육학과, 토목공학교육과, 화학공학교육과, 건설공학교육과, 가정교육과, 과학교육과, 기술
> 교육과, 물리교육과, 생물교육과, 수학교육과, 지구과학교육과, 화학교육과, 환경교육과, 미술교육학과, 음악
> 교육학과, 체육교육학과 등

Memo

PART

5

대학 전공에 맞는 선택 과목

대학 전공에 맞는 선택과목을 알아볼까요?

고교학점제 바이블 ONLINE LEARNING

스마트폰으로 상단의 QR코드를 스캔하고 희망 전공과 관련된 선택과목을 알아보세요.

고교학점제 바이블 ONLINE LEARNING에 수록된 학과정보는 〈학과바이블〉에 수록된 내용의 일부입니다. 총 7개 계열(인문/사회/자연/공학/의약/예체능/교육)과 계약학과·특성화학과로 구성되어 있습니다. 계열별 대표학과 277개 및 계약학과·특성화학과 53개를 포함하여 관련 학과까지 1,000여 개 이상의 학과를 포함하고 있습니다. 더 자세한 내용은 〈학과바이블〉에서 확인할 수 있습니다.

고교학점제 바이블 ONLINE LEARNING 활용법

모바일 환경과
PC 환경에서 활용 가능합니다.

PART

6

대학 입시 정보

1 대입 전형 유형

대입 전형 유형은 수시 4개, 정시 2개(4+2체제)로 시행되고 있으며, 각 유형별 주요 전형 요소는 다음과 같다.

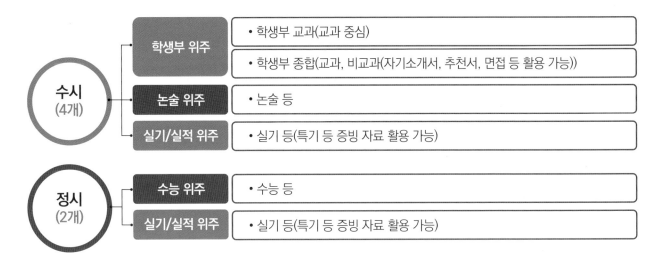

2 대입 전형 유형 안내

1 학생부 교과 전형

- 학생부(교과 내신 성적)를 가장 중요한 전형 요소로 활용하는 전형으로 학생부 교과 전형에 지원하는 학생은 내신 등급대가 높기 때문에 다른 전형에 비해 경쟁률이 낮은 편이다.
- 대학에 따라 반영하는 교과(국·수·영·사/과)와 학년별 성적 반영 비율이 다르다.
- 학생부 교과 영역 이외에 다른 전형 요소(비교과, 면접, 수능 최저 학력 기준)들이 있기 때문에 전형 요소를 반드시 확인할 필요가 있다.
- 수능 최저 학력 기준을 충족해야 하는 경우가 대부분이라 모의고사 성적 추이가 중요하다.

2 학생부 종합 전형

- 지원자의 학생부를 종합적으로 평가하는 전형으로 학생의 성장 과정과 결과, 지원 동기, 인성, 전공 적합성, 학업 역량 등을 종합적으로 평가하여 합격자를 선발한다.
- 수치로 계산된 교과 성적만을 정량 평가하는 것이 아니라, 제출한 서류를 바탕으로 학업 역량, 진로 역량, 공동체 역량 등을 종합적으로 정성 평가한다.
- 자신의 관심 분야와 관련하여 다양한 학교생활을 하는 학생이 유리한 전형이다.

학생부종합전형 공통 평가요소 및 평가항목

학업역량
대학 교육을 충실히 이수하는 데 필요한 수학 능력

1 학업성취도
고교 교육과정에서 이수한 교과의 성취수준이나 학업 발전의 정도

2 학업태도
학업을 수행하고 학습해 나가려는 의지와 노력

3 탐구력
지적 호기심을 바탕으로 사물과 현상에 대해 탐구하고, 문제를 해결하려는 노력

공동체역량
공동체의 일원으로서 갖춰야 할 바람직한 사고와 행동

1 협업과 소통능력
공동체의 목표를 달성하기 위해 협력하며, 구성원들과 합리적인 의사소통을 할 수 있는 능력

2 나눔과 배려
상대방을 존중하고 이해하여 원만한 관계를 형성하며, 타인을 위하여 기꺼이 나누어 주고자 하는 태도와 행동

3 성실성과 규칙준수
책임감을 바탕으로 자신의 의무를 다하고, 공동체의 기본 윤리와 원칙을 준수하는 태도

4 리더십
공동체의 목표 달성을 위해 구성원들의 상호작용을 이끌어가는 능력

진로역량
자신의 진로와 전공(계열)에 관한 탐색 노력과 준비 정도

1 전공(계열) 관련 교과 이수 노력
고교 교육과정에서 전공(계열)에 필요한 과목을 선택하여 이수한 정도

2 전공(계열) 관련 교과 성취도
고교 교육과정에서 전공(계열)에 필요한 과목을 수강하고 취득한 학업성취 수준

3 진로 탐색 활동과 경험
자신의 진로를 탐색하는 과정에서 이루어진 활동이나 경험 및 노력 정도

출처: NEW 학생부종합전형 공통 평가 요소 및 평가항목 보고서

학생부종합전형 준비 Tip

1학년
진로탐색 및 결정하기
• 진로 관련 정보 수집
• 진로탐색 및 결정 후 계획 수립
• 고교 3년간 학업계획 수립
• 진로 연계 동아리, 진로 활동 권장

2학년
교과 및 비교과에 집중하기
• 교과 학습계획 수립 후 학습 매진
• 진로 관련 지속적인 비교과 활동
• 진로와 관련된 활동 집중
• 교과 및 비교과 관련 효과적인 시간 관리

3학년
목표대학에 맞는 서류 및 대학별 평가 대비하기
• 목표대학 및 학과 설정
• 원하는 대학 인재상 확인
• 교내활동 목록 정리
• 대학 면접 전형 준비

3 논술 전형

- 대학 자체적으로 실시한 논술고사에서 지원자가 얻은 성적에 많은 비중을 두어 선발하는 전형이다.
- 수능 최저 학력 기준을 충족하는 것이 중요하므로 수능 최저 학력 기준을 충족시킬 수 있는 대학과 학과를 정하는 것이 중요하다.

4 실기/실적 위주 전형

- 실기/실적 위주 전형은 예체능 계열에서 실기나 실적을 중심으로 선발하는 전형이다.
- 학생부를 일부 반영하거나 실기나 실적 위주로 선발하는 전형으로 일부 대학은 문학, 어학, 수학·과학, 공학·기능·발명·로봇, 컴퓨터·IT·SW 등 특기자 전형을 포함한다.
- 2022학년도 이후부터 특기자 전형의 모집인원이 계속 감소하고 있는 추세이다.

5 수능 위주 전형

- 수능 성적 위주로 학생을 평가하는 전형이다.
- 정시는 한 학생당 최대 3곳 대학을 지원할 수 있다. ('가군', '나군', '다군' 유형에서 각 군별로 1회씩 3회 지원 가능)
- 수능을 활용하는 방식이 다르므로 자신의 수능 성적의 특징을 파악하여 유리한 반영지표를 활용하는 대학에 지원하는 것이 유리하다.
  ▶ 표준점수를 활용해 선발하는 대학: 해당 영역의 난이도가 반영됨(평균이 낮을수록 표준점수는 높아지고 평균이 높을수록 표준점수는 낮아짐): 대부분 상위권 대학
  ▶ 백분위를 활용해 선발하는 대학: 전체 수능 응시자 가운데 내 점수보다 낮은 점수를 받은 수험생이 얼마나 있는지에 따른 서열을 반영: 중위권 대학
  ▶ 등급으로 나누어 선발하는 대학: 백분위를 기준으로 전체 수험생을 9등급으로 분류해 선발하는 방식
- 정부지침에 따라 서울권 소재 16개 대학 중심으로 정시 비율을 40% 이상으로 선발 예정이다. (서울권 소재 16개 대학 : 건국대, 경희대, 고려대, 광운대, 동국대, 서강대, 서울시립대, 서울대, 서울여대, 성균관대, 숙명여대, 숭실대, 연세대, 중앙대, 한국외대, 한양대)

3 대학 수학 능력 평가시험

2028학년도 대학 입시부터는 통합형 과목체계 도입으로 국어·수학·영어 영역은 선택 과목 없이 동일한 내용과 기준으로 평가하고, 공정하고 단순하게 점수를 부여한다. 특히 사회·과학탐구 영역은 2022 개정 교육과정 과목인 '통합사회'와 '통합과학'을 출제하며, 모든 응시자가 선택 없이 동일하게 응시한다.

통합형 과목체계를 도입(선택과목 폐지)하여, 과목 선택의 유·불리를 해소하고 수능 '공정성' 확보

사회·과학 통합 응시로 벽을 허물고, 융합적 학습 유도

EBS 연계는 현행 유지(50% 간접 연계)

✥ 2028학년도 수능 개편안 요약 ✥

영역		현행(~2027수능)	개편안(2028수능~)
국어		공통+ 2과목 중 택1 • 공통: 독서, 문학 • 선택: 화법과 작문, 언어와 매체	공통 (화법과 언어, 독서와 작문, 문학)
수학		공통+ 3과목 중 택1 • 공통: 수학Ⅰ, 수학Ⅱ • 선택: 확률과 통계, 미적분, 기하	공통 (대수, 미적분Ⅰ, 확률과 통계)
영어		공통 (영어Ⅰ, 영어Ⅱ)	공통 (영어Ⅰ, 영어Ⅱ)
한국사		공통 (한국사)	공통 (한국사)
탐구	사회·과학	17과목 중 최대 택2 • 사회: 9과목 한국지리, 세계지리, 세계사, 동아시아사, 경제, 정치와 법, 사회·문화, 생활과 윤리, 윤리와 사상	• 사회 : 공통 (통합사회)
		• 과학: 8과목 물리학Ⅰ, 화학Ⅰ, 생명과학Ⅰ, 지구과학Ⅰ, 물리학Ⅱ, 화학Ⅱ, 생명과학Ⅱ, 지구과학Ⅱ	• 과학 : 공통 (통합과학)
	직업	• 1과목: 5과목 중 택1 • 2과목: 공통+[1과목] • 공통: 성공적인 직업생활 • 선택: 농업 기초 기술, 공업 일반, 　　　　상업 경제, 수산·해운 산업 기초, 인간 발달	• 직업 : 공통 (성공적인 직업생활)
제2외국어 /한문		9과목 중 택1 • 제2외국어/한문: 9과목 독일어Ⅰ, 프랑스어Ⅰ, 스페인어Ⅰ, 중국어Ⅰ, 일본어Ⅰ, 러시아어Ⅰ, 아랍어Ⅰ, 베트남어Ⅰ, 한문Ⅰ	9과목 중 택1 • 제2외국어/한문: 9과목 독일어, 프랑스어, 스페인어, 중국어, 일본어, 러시아어, 아랍어, 베트남어, 한문

❖ 수능 과목 구조 및 출제 범위 및 평가 방법 ❖

영역	평가 방법	공통
국어	상대평가	화법과 언어, 독서와 작문, 문학
수학	상대평가	대수, 미적분 I, 확률과 통계
영어	절대평가	영어 I, 영어 II
한국사	절대평가	한국사
탐구	상대평가	사회(통합사회) 과학(통합과학) 직업(성공적인 직업생활)
제2외국어/한문	상대평가	9과목 중 택1 ▶제2외국어/한문: 9과목 독일어, 프랑스어, 스페인어, 중국어, 일본어, 러시아어, 아랍어, 베트남어, 한문
EBS 연계율		50% 유지

4 학교생활기록부

학교생활기록부는 학교의 교육계획이나 교육과정에 따라 학생이 재학 중에 학교에서 공부하고 경험한 각종 교육활동의 내용을 학생의 담임교사, 담당 교과목 교사, 동아리 담당 교사 등 학생을 가르친 모든 교사가 학생 개인의 특성이 잘 나타나도록 객관적 사실에 근거해 구체적으로 기록한 서류이다.

학생이 무엇을 어떻게 배우고 성장했는지에 대한 변화 모습이 담겨있고 결과 이외의 동기 및 수행과정, 심화 연계 활동 등을 관찰하고 기록한 것으로써, 학생부종합전형에서 가장 핵심적인 전형 요소이다. 대학에서는 학생의 학업 능력과 자기 주도적 학업 태도, 전공 분야에 대한 관심, 지적 호기심, 창의적 인재로 발전할 가능성 등을 평가한다.

* 원서접수일 기준 졸업생의 경우, 위 반영내용과 동일하며 학교생활기록부에 기재된 모든 학년의 내용을 평가에 반영합니다.
* 상기 내용은 교육부 지침에 따라 변경가능성이 있습니다.

045

① 2025~2027학년도 대입 학교생활기록부 관리

구분			2023학년도 대입	2024학년도 이후 대입
학교생활기록부		교과학습발달상황	과목당 500자 방과후학교 활동 미기재	과목당 500자(모든 교과 기재) 방과후학교 활동 미기재 영재, 발명교육 실적 미반영
		행동특성 종합의견	연간 500자	
	비교과활동	자율 활동	연간 500자	
		동아리 활동	연간 500자 소논문 기재 금지 자격증 미반영 자율동아리 연간 1개/이름 등 30자만 기재 청소년 단체활동은 단체명만 기재	연간 500자 소논문 기재 금지 자격증 및 인증 미반영 자율동아리 미반영 청소년 단체활동 미기재
		봉사 활동	특기사항 미기재	특기사항 미기재 개인 봉사 활동 실적 대입 미반영 (단 학교 교육 계획에 따라 교사가 지도한 실적은 반영)
		진로 활동	연간 700자 (진로 희망 분야 대입 미반영)	
		수상 경력	교내수상 학기당 1건 (3년간 6건)	대입 미반영
		독서 활동	도서명과 저자	대입 미반영

② 학교생활기록부 항목별 평가 요소

학교생활기록부 영역		평가 요소		
		학업역량	진로역량	공동체역량
출결상황				높음
창의적 체험활동	자율·자치 활동	보통	보통	보통
	동아리 활동	보통	높음	보통
	봉사 활동		보통	높음
	진로 활동	보통	높음	
교과학습발달상황		높음	높음	
행동특성 및 종합의견		보통	보통	높음

③ 학교생활기록부 입력 유의사항

① 학교 교육계획이나 학교 교육과정에 의해 학교에서 실시한 각종 교육활동의 이수상황을 기재 하는 것이 원칙이다.

② 학생의 성장과 학습 과정을 상시 관찰하고 평가한 누가 기록 중심의 종합 기록이어야 한다.

③ 학교교육계획 이외의 체험활동은 교육관련기관(교육부 및 소속기관, 시·도교육청 및 직속기관, 교육지원청 및 소속기관)에서 주최하고 주관한 행사, 학교스포츠클럽 활동, 봉사 활동 등만 학교장이 승인한 경우에 한해 기재 가능하다.

④ 각종 공인어학시험, 교외 경시대회, 교내·외 인증시험 등의 참여 사실이나 성적(모의고사·전국연합학력평가 성적 또는 관련 교내 수상실적 포함), 교외상, 논문(학회지) 등재나 도서 출간, 발명 특허 관련 내용, 해외 활동실적 등은 기재할 수 없다.

⑤ 구체적인 특정 대학명, 기관명, 상호명, 강사명 등은 '행동 특성 및 종합의견'란을 포함하여 학교생활기록부의 어떠한 항목에도 기재할 수 없다.

4 학교생활기록부 항목별 작성가이드

● 출결상황

학교생활기록부 영역	평가 요소		
	학업역량	진로역량	공동체역량
출결상황			높음

① 출결상황에서는 결석, 지각, 조퇴, 결과 등이 발생했을 경우 그 이유를 파악하여 종합적으로 학교생활 충실도와 성실성 여부, 즉 공동체역량 중 성실성과 규칙준수와 관련된 부분을 확인한다. 출결상황은 학생의 성실성을 보여주는 가장 기본적인 요소이기 때문에 꾸준한 관리가 필요하다.

② 출결상황은 학생부 종합전형뿐만 아니라 일부 학생부 교과전형에서도 중요하다. 학생부 교과전형 중 일부 대학은 교과 성적 90%+출결 10%로 출결상황이 중요한 평가 요소로 작용한다.

● 수상경력

학교생활기록부 영역	평가 요소		
	학업역량	진로역량	공동체역량
수상 경력	2024년 대입부터 대입전형 자료로 미제공		

● 창의적 체험활동_자율 활동

학교생활기록부 영역	평가 요소		
	학업역량	진로역량	공동체역량
자율 활동	보통	보통	보통

① 학교교육계획에 의한 행사 활동, 수련 활동 및 학년, 학급 단위로 이루어지는 체험활동은 학생 개인의 특별한 경험과 이력을 파악하는 데 중요한 자료로 활용한다.

② 단순한 활동 참여 사실보다는 해당 활동을 통해 어떠한 발전을 이루고 학급구성원들에게 어떻게 기여할 수 있을지 고민하고 실천하는 것이 중요하다.

③ 자율활동에서 확인할 수 있는 학생의 특성은 동아리 활동, 교과학습 발달상황, 행동특성 및 종합 의견 등에서 파악할 수 있는 학생의 특성과 연계해 평가한다.

④ 학습의 주도성, 전공적합성, 인성 및 사회성 등 다양한 영역의 평가에 참고자료가 된다.

⑤ 창의적 체험활동 상황에 자율탐구활동 중 소논문 실적 연구 주제 및 참여인원, 소요 시간은 기재할 수 없다.

※자율탐구활동이란 학생들이 자율적으로 주제 선정부터 보고서 작성까지 전 과정을 수행하는 일련의 활동을 말한다.

※정규교육과정 이수 과정에서 사교육 개입 없이 학교 내에서 학생주도로 수행한 자율탐구활동에 한하여 기재할 수 있다.

● 창의적 체험활동_동아리 활동

학교생활기록부 영역	평가 요소		
	학업역량	진로역량	공동체역량
동아리 활동	보통	높음	보통
	2024년 대입부터 자율동아리는 대입전형 자료로 미제공		

① 지원자의 관심 분야와 흥미 분야를 확인하고 지원자의 전공적합성을 파악할 수 있는 영역이다.
② 희망 진로 또는 지원 전공과 직접적인 관련이 있는 동아리라고 하더라도 동아리 내에서 주도적으로 참여했던 학업활동 내용, 경험의 주도성과 깊이 등이 더 중요하다.
③ 동아리 활동을 통해 문제 해결 능력, 생활태도, 도전 정신, 열의 등 지원자의 특성을 확인할 수 있다.
④ 동아리 활동에서 지원 전공에 대한 관심 및 역량과 더불어 활동에서 나타나는 역할과 과정 모두가 평가 대상이다.
⑤ 학술 관련 동아리 활동에서는 교과와의 연계성을 기본으로 토론, 실험, 연구, 탐구 활동을 통해 학문적 열정이나 지적 관심도를 평가한다.

● 창의적 체험활동_봉사 활동

학교생활기록부 영역	평가 요소		
	학업역량	진로역량	공동체역량
봉사 활동		보통	높음

2024년 대입부터 개인 계획에 의한 봉사 활동은 대입전형 자료로 미제공
(단 학교교육계획(정규교육과정 포함)에 따라 교사가 지도한 봉사 활동 실적은 대입에 반영함.)

① 지원자의 사회성 및 적극성 등을 파악하는 자료로 활용된다. 봉사활동의 실적 및 시간 등을 평가하기보다는 봉사 활동의 방향성·지속성·적극성 등을 고려하여 활동의 진정성을 파악한다.
② 학교생활 내에서 자신의 능력을 나누어줄 수 있는 다양한 활동(학습 멘토링, 통합반 도우미, 급식 도우미, 사서 도우미, 교내 행사 보조, 분리수거 도우미, 정보 도우미 등)을 권장한다.
③ 봉사 활동이 본인에게 어떤 의미가 있는지 그리고 얼마나 책임감을 갖고 꾸준히 실천하고자 했는지가 중요하다.
④ 봉사 대상자인 사회적 약자의 처지나 어려움을 헤아려 상대방을 존중하고 배려하는 태도가 드러날 때 좋은 평가를 받는다.

● 창의적 체험활동_진로 활동

학교생활기록부 영역	평가 요소		
	학업역량	진로역량	공동체역량
진로 활동	보통	높음	

① 학생부위주전형에서 학교생활기록부의 다른 영역과 연계하여 학생의 전공에 대한 관심과 진로탐색에 대한 노력 등을 판단하는 중요한 영역이다. 3년간의 기록을 통해 진로 분야에 대한 관심도, 이해도 및 성장 여부 등을 확인할 수 있다.
② 진로활동 내용을 통해 학생의 진로에 대한 확고한 의지뿐만 아니라 다양한 경험을 통한 학생의 진로 변경 가능성에도 주안점을 두고 평가한다.
③ 진로 관련 내용뿐만 아니라 기재되어 있는 내용에 따라 학습의 주도성, 역할의 주도성, 협업소통 능력 등을 평가할 때 참고하는 영역이다.
④ 자신이 희망하는 직업이나 학과와 관련한 적극적인 활동을 통해 진지하고 심층적인 탐색 과정이 드러날 수 있도록 하는 것이 중요하다.

● 교과학습발달상황(세부능력 및 특기사항 포함)

학교생활기록부 영역	평가 요소		
	학업역량	진로역량	공동체역량
교과학습발달상황	높음	높음	

① 각 과목의 학업성취도를 통해 기초학업역량 및 전공수학역량 등의 평가가 이루어진다.
② 선택 과목(일반 선택, 진로 선택, 융합 선택)을 통해 전공에 대한 관심도 및 진로탐색노력을 평가하는 데 활용된다.
③ 학생부종합전형에서는 학업 역량, 진로 역량 등을 판단하는 여러 요소 가운데 하나로 활용되고 있으며, 등급과 원점수뿐만 아니라 이수과목, 이수자 수, 평균과 표준편차 등을 종합적으로 평가한다.
④ 세부능력 및 특기사항은 고교생활 3년간 1명당 40여 명의 교과 담당 교사가 해당 학생의 수업 참여도와 성실성, 적극성 및 성취도를 관찰한 기록이라 평가자 입장에서 높은 신뢰도를 갖는 부분이다.
⑤ 세부능력 및 특기사항 기록 내용을 통해서 교과 수업에서 이루어진 학습활동에서 학생이 실제 습득한 학업 역량과 학업태도를 종합적으로 평가한다.
⑥ 수업시간에 배운 내용을 바탕으로 적극적으로 참여하는 것이 중요하며 모둠활동이나 토론활동의 경우 활동을 주도하거나 협력하는 모습을 통해 인성 및 사회성을 보여줄 필요가 있다.
⑦ 세부능력 및 특기사항을 통해 자기주도적인 배움의 확장성, 토론이나 실험, 과제수행, 집단학습 등과 같은 다양한 학습경험, 창의성, 자기 주도성, 학업에 대한 열정 등을 평가한다.

● 독서활동 상황

학교생활기록부 영역	평가 요소		
	학업역량	진로역량	공동체역량
독서활동 상황	2024년 대입부터 대입전형 자료로 미제공		

● 행동특성 및 종합의견

학교생활기록부 영역	평가 요소		
	학업역량	진로역량	공동체역량
행동특성 및 종합의견	보통	보통	높음

① 담임교사가 학생을 가장 가까이에서 지켜보고 솔직하게 평가한 기록으로 학생이 어떠한 경험을 했는지와 더불어 이를 통한 학생의 변화와 성장 등을 깊게 살펴볼 수 있는 평가자료이다.
② 지원자가 어떠한 분야에 관심이 있는지, 그리고 지원자의 특성과 태도, 성향 등을 총체적으로 파악하고 종합적으로 이해할 수 있는 영역이다.
③ 인성뿐만 아니라 학업태도 및 의지 등 지적 요소에 대한 전반적인 교사의 기록을 바탕으로 학교생활기록부의 다른 요소들과의 연관성을 통해 종합적으로 학생의 역량을 평가한다.
④ 멘토링, 모둠활동 등에 대한 평가를 통해 리더십과 공동체 의식, 학생의 특성에 따라 배려, 나눔의 태도 등의 인성을 평가한다.

고교학점제 바이블

PART

7

참고자료

1. 2022 개정 교육과정 선택 과목 안내
2. 학업계획서 작성 Sheet

국어 교과군

교과(군)
국어

공통 과목
공통국어1,
공통국어2

일반 선택
화법과 언어,
독서와 작문,
문학

진로 선택
주제 탐구 독서,
문학과 영상, 직무
의사소통

구분
보통
교과

**국어
교과군**

융합 선택
독서 토론과 글쓰기,
매체 의사소통,
언어생활 탐구

과목명	절대평가		상대평가	통계정보			수능
	원점수	성취도 (5단계)	석차등급 (5등급)	성취도 분포비율	과목평균	수강자수	
공통 과목							
공통국어1	○	A·B·C·D·E	○	○	○	○	×
공통국어2	○	A·B·C·D·E	○	○	○	○	×
일반 선택							
화법과 언어	○	A·B·C·D·E	○	○	○	○	○
독서와 작문	○	A·B·C·D·E	○	○	○	○	○
문학	○	A·B·C·D·E	○	○	○	○	○
진로 선택							
주제 탐구 독서	○	A·B·C·D·E	○	○	○	○	×
문학과 영상	○	A·B·C·D·E	○	○	○	○	×
직무 의사소통	○	A·B·C·D·E	○	○	○	○	×
융합 선택							
독서 토론과 글쓰기	○	A·B·C·D·E	○	○	○	○	×
매체 의사소통	○	A·B·C·D·E	○	○	○	○	×
언어생활 탐구	○	A·B·C·D·E	○	○	○	○	×

1 화법과 언어

교과(군)	선택과목			평가정보		수능
국어	일반 선택	진로 선택	융합 선택	성취도	상대평가	공통
	●			5단계	5등급	

'화법과 언어'는 화법과 언어의 본질을 이해하고 언어 자원의 표현 효과를 탐구하며 다양한 유형의 담화에 능동적으로 참여함으로써, 효과적인 의사소통 능력과 비판적 사고력을 기르고 바람직한 의사소통 태도를 함양하는 데에 목적을 두고 있는 교과이다.

의사소통 맥락에 따른 언어 관습과 규칙, 언어 자원의 운용 원리와 표현 효과에 대한 탐구를 통해 의사소통 능력을 기르고 비판적 언어 인식을 고양하며, 상황 맥락 및 사회·문화적 맥락에 따른 언어 공동체의 담화 관습을 이해하고, 공동체 구성원과 관계를 형성하고 협력적으로 소통할 수 있도록 한다.

목표

◆ 화법과 언어의 본질과 특성을 탐구하여 국어생활의 다양성과 공공성을 이해한다.
◆ 다양한 담화 자료를 바탕으로 언어 자원의 표현 효과를 탐구하고 음성 언어 의사소통에 능동적으로 참여한다.
◆ 화법과 언어에 대한 성찰을 통하여 자신의 국어생활을 개선하고 바람직한 의사소통 문화 형성에 기여한다.

내용 체계

범주	내용 요소
지식·이해	• 인간의 삶과 국어생활의 변화 • 기호를 활용한 사회적 행위로서의 의사소통 • 맥락에 따른 언어 선택과 담화 관습
과정·기능	• 표준 발음으로 국어생활하기 • 품사, 문장 구조에 대한 지식을 활용하여 언어 자료 분석하기 • 단어의 짜임과 의미 관계를 분석하여 어휘 활용하기 • 화자의 태도를 표상하기 위해 어휘와 문법 요소 활용하기 • 담화를 응집성 있게 구성하기 위해 어휘와 문법 요소 활용하기 • 다양한 유형의 담화 및 매체에 활용된 언어의 공공성을 점검하고 평가하기 • 자아 개념을 인식하고 관계 형성에 적절한 방법으로 대화하기 • 적절한 언어적 준언어적 비언어적 표현 전략을 활용하여 발표하기 • 화자의 공신력과 효과적 설득 전략을 활용하여 연설하기 • 공동체의 문제를 분석하여 합리적으로 문제를 해결하며 토의하기 • 논증에 대해 반대 신문하며 토론하기 • 상호 만족할 수 있는 대안을 탐색하며 협상하기
가치·태도	• 사회적 행위로서의 국어생활에 대한 성찰과 개선 • 다양성을 존중하는 의사소통 문화 형성

관련 학과 및 관련 직업

관련 학과	관련 직업
광고홍보학과, 국어국문학과, 국어교육학과, 문예창작학과, 문헌정보교육과, 문헌정보학과, 미디어학부, 미디어커뮤니케이션학과, 신문방송학과, 언론정보학과, 언론홍보학과, 언어인지과학과, 언어학과, 정치외교학과, 통번역학과 등	광고 및 홍보 전문가, 기자, 동시통역사, 리포터, 방송작가, 번역가, 상담 전문가, 소설가, 시인, 언론인, 중등교사, 아나운서, 언어학 연구원, 언어 치료사, 외교관, 작가, 출판 편집자, 카피라이터, 평론가, 프로듀서 등

2 독서와 작문

교과(군)	선택과목			평가정보		수능
국어	**일반 선택** ●	**진로 선택**	**융합 선택**	**성취도** 5단계	**상대평가** 5등급	공통

다양한 글과 자료를 이해하고 생산하는 활동에 능동적으로 참여함으로써 효과적으로 의사소통하는 능력을 기르고, 나아가 바람직한 의사소통 태도를 함양하는 데에 목적이 있다. 이를 위해 독서와 작문을 통합적으로 학습하면서 학습자가 능동적인 의미 구성 주체로서의 역할을 인식하고 문어 의사소통 과정에 적극적으로 참여하며, 학습한 내용을 실제 언어생활에 효과적으로 적용할 수 있는 역량을 함양할 수 있도록 구성한 과목이다.

이 과목은 다양한 분야나 유형의 글과 자료를 이해하고 생산하는 활동, 그리고 이해와 생산을 통합하는 활동을 통해 문어 의사소통 능력을 기르는 데 중점을 두고 있다.

목표

◆ 문어 의사소통 행위로서의 독서와 작문의 특성과 문어 의사소통의 맥락을 이해한다.
◆ 문어 의사소통의 원리와 실제를 고려하여 다양한 글과 자료를 읽고 쓰는 활동에 능동적으로 참여한다.
◆ 평생 독자 및 필자로서의 주도성과 책임감을 가지고 문어 의사소통을 실천하고, 이를 통해 바람직한 문어 의사소통 문화의 발전에 기여한다.

내용 체계

범주	내용 요소
지식·이해	• 문어 의사소통의 방법 • 문어 의사소통의 구성 요소
과정·기능	• 문어 의사소통의 목적과 맥락을 고려한 글과 자료의 탐색 및 선별하기 • 내용 확인 및 추론하기 • 평가 및 종합하기 • 내용 생성 및 조직하기 • 표현 전략을 고려한 표현과 작문 맥락을 고려한 고쳐쓰기 • 문어 의사소통 과정의 점검 및 조정하기 • 인문·예술, 사회·문화, 과학·기술의 분야별 독서와 작문 수행하기 • 정보 전달, 논증, 정서 표현 및 자기 성찰의 유형별 작문과 독서 수행하기 • 주제 통합적 독서와 학습을 위한 작문 수행하기 • 매체의 유형과 특성을 고려한 독서와 작문 수행하기
가치·태도	• 독서와 작문의 주도적 계획 및 실천 • 공동체의 소통 문화 및 담론 형성에의 참여 • 문어 의사소통 생활에 대한 성찰 및 책임감

관련 학과 및 관련 직업

관련 학과	관련 직업
광고홍보학과, 국어국문학과, 국어교육학과, 문예창작학과, 문헌정보교육과, 문헌정보학과, 미디어학부, 미디어커뮤니케이션학과, 신문방송학과, 언론정보학과, 언론홍보학과, 언어인지과학과, 언어학과, 정치외교학과, 통번역학과 등	광고 및 홍보 전문가, 기자, 동시통역사, 리포터, 방송작가, 번역가, 상담 전문가, 소설가, 시인, 언론인, 중등교사, 아나운서, 언어학 연구원, 언어 치료사, 외교관, 작가, 출판 편집자, 카피라이터, 평론가, 프로듀서 등

3 문학

교과(군)	선택과목			평가정보		수능
국어	일반 선택 ●	진로 선택	융합 선택	성취도 5단계	상대평가 5등급	공통

다양한 문학 경험과 활동을 통해 작품을 수용·생산하는 능력을 기르고, 인간과 세계에 대한 이해를 넓히며, 문학 활동의 적극적 주체로 살아갈 수 있는 태도를 함양하는 데에 목적이 있다. '문학'은 학습자가 작품을 읽고 쓰는 과정에서 문학의 중요성과 가치를 인식하고 자신을 성찰하고 타인에 공감하며, 작품의 아름다움을 수용하고 이를 삶에 반영하는 심미적 감성을 가진 인간으로 성장하게 하기 위한 과목이다.

문학은 인간의 체험과 상상력으로 이루어진 언어 예술이자 소통 행위이며, 개인과 공동체의 생활 경험 및 미의식을 담은 문화의 한 양식이다. 문학을 통해 인간은 언어에 대한 인식을 확대하고 섬세한 언어 감각을 가지게 되며, 자신의 삶을 돌아보는 한편 다른 존재의 처지를 헤아리고 그 감정에 공감하게 된다.

목표

◆ 문학의 본질과 가치, 한국 문학의 성격과 역사에 대해 체계적으로 이해한다.
◆ 문학 작품의 수용과 생산 활동을 통해 문학 소통 능력과 창의적 사고 능력을 함양한다.
◆ 문학을 통해 자아를 성찰하고 타자를 이해하며 공동체의 문제에 공감하고 참여하는 태도를 기른다.

내용 체계

범주	내용 요소
지식·이해	• 문학의 본질과 기능 • 한국 문학의 성격과 역사 • 한국 문학의 보편성과 특수성
과정·기능	• 문학의 특성 탐구하기 • 문학 작품 해석하기 • 문학 작품 감상하기 • 문학 작품 비평하기 • 문학 작품 재구성·창작하기 • 문학 소통하기
가치·태도	• 문학을 통한 자아 성찰과 타자 이해 • 문학과 공동체 참여 • 문학의 생활화

관련 학과 및 관련 직업

관련 학과	관련 직업
광고홍보학과, 국어국문학과, 국어교육과, 노어노문학과, 독어독문학과, 문예창작과, 미디어학과, 미디어학부, 미디어커뮤니케이션학과, 불어불문학과, 신문방송학과, 영어영문학과, 중어중문학과, 일어일문학과, 언론정보학과, 언론홍보학과 등	광고기획자, 방송연출가, 번역가, 방송작가, 소설가, 시나리오작가, 시인, 언론인, 언어학연구원, 언어치료사, 영화시나리오작가, 중등교사, 작가, 통역사, 동시통역사, 독서지도사, 출판물편집자, 카피라이터, 평론가 등

4 주제 탐구 독서

교과(군)	선택과목			평가정보		수능
국어	일반 선택	진로 선택 ●	융합 선택	성취도 5단계	상대평가 5등급	×

　관심 있는 주제에 관해 다양한 책과 자료를 비판적·창의적으로 읽음으로써 학습자 자신의 관점과 견해를 형성하고, 주제에 대해 깊고 넓게 탐구하는 능력을 기르는 데에 목적이 있다. 학업과 진로를 탐색하는 일은 궁금한 것에 대해 질문하고 답을 구하는 탐구의 과정이기도 하다. 이 과정에서 다양한 책과 자료를 찾아 읽고, 내용을 비교·분석·통합하면서 주제에 대한 자신의 관점과 견해를 새롭게 만들어 갈 수 있다.

　'주제 탐구 독서'는 인문·예술, 사회·문화, 과학·기술 분야 등에서 주제와 관련된 다양한 책과 자료를 탐색하고 읽기 전략을 활용하여 읽으면서 관련 주제를 탐구하는 능력을 기르고 독서 경험을 심화·확장하는 데 중점을 둔다. 학습자는 학습 과정에서 주제를 선정하고, 주제와 관련된 책과 자료를 탐색하여 깊이 있게 읽으며, 그 내용을 평가하고 종합함으로써 자신의 진로와 학업에 필요한 역량을 기를 수 있다.

목표

◆ 다양한 분야에서 관심 있는 주제와 관련된 책과 자료를 찾아 비판적·창의적으로 읽으며 주제를 깊이 있게 탐구한다.
◆ 주제를 선정하여 책과 자료를 통합적으로 읽고 자신의 관점과 견해를 형성한다.
◆ 주제를 탐구하는 독서를 통해 학업과 진로를 적극적으로 탐색하며 자신의 삶을 성찰하고 계발한다.

내용 체계

범주	내용 요소
지식·이해	• 주제 탐구 독서의 의미 • 분야에 따른 책과 자료의 특성
과정·기능	• 주제 탐구를 위한 독서 목적 설정하기 • 탐구할 주제를 선정하고 상세화하기 • 주제와 관련된 책과 자료를 다양하게 탐색하며 읽을 내용 선정하기 • 주제와 관련된 책과 자료의 이해·분석·평가·종합하기 • 주제에 대한 관점과 견해 형성하기 • 매체를 포함한 다양한 방법으로 주제 탐구의 과정이나 결과를 공유하고 소통하기 • 관심 분야의 특성을 고려하여 주제 탐구 독서 수행하기
가치·태도	• 주제 탐구를 위한 주도적 독서 계획의 수립과 실천 • 주제 탐구 독서를 통한 삶에 대한 성찰과 계발

관련 학과 및 관련 직업

관련 학과	관련 직업
국어국문학과, 국어교육과, 광고홍보학과, 독서문화콘텐츠과, 문헌정보학과, 문예창작학과, 문예콘텐츠창작학과, 미디어커뮤니케이션학과, 미디어학부, 미디어문예창작과, 신문방송학과, 언론정보학과, 언론홍보학과, 언어학과, 웹문예학과 등	광고기획자, 독서지도사, 드라마 작가, 리포터, 마케팅전문가, 문헌학자, 북디자이너, 방송작가, 방송연출가, 시인, 시나리오 작가, 소설가, 사서, 아나운서, 언론인, 작가, 중등교사, 출판물 편집자, 카피라이터, 평론가, 홍보전문가 등

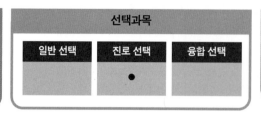

5 문학과 영상

교과(군)	선택과목			평가정보		수능
	일반 선택	**진로 선택**	**융합 선택**	**성취도**	**상대평가**	
국어		●		5단계	5등급	×

　　문학 작품과 영상물을 수용·생산하는 능력을 길러 교육, 연구, 창작, 문화산업 등 관련 분야의 진로에 필요한 문화적 역량을 함양하는 데에 목적이 있는 과목이다. 이 과목에서는 문학과 영상의 다양한 형상화 방법을 이해하고, 문학과 영상의 영향 관계와 상호 작용의 양상을 탐구하며 문학 작품과 영상물을 감상하고 비평하는 능력을 기른다.
　　또한 자신이 경험하거나 상상한 내용을 문학 작품이나 영상물로 제작하고, 적절한 매체로 공유하는 경험을 통해 표현 능력을 심화하면서 문학 작품과 영상물을 통해 세상과 소통하는 능력을 갖춘다. 나아가 문학과 영상을 통한 소통의 영향력을 비판적으로 파악하고 이에 관한 윤리적 책임을 인식하는 한편, 문학 작품과 영상물을 주체적으로 수용하고 생산하는 태도를 함양하는 데에 중점을 둔다.

목표

◆ 문학과 영상 간의 영향 관계와 상호 작용을 탐구하며 문학과 영상의 특성과 관계를 이해한다.
◆ 문학 작품과 영상물의 수용과 생산 활동을 통해 비판적 수용 능력과 창의적 사고 능력을 함양한다.
◆ 문학과 영상을 통해 자신을 성찰하고 세계와 소통하는 태도를 기르며 관련 분야의 학업과 진로에 필요한 문화적 소양을 갖춘다.

내용 체계

범주	내용 요소
지식·이해	• 문학의 형상화 방법 • 영상의 형상화 방법 • 문학과 영상 관련 문화적 소양
과정·기능	• 단일양식과 복합양식의 특성과 효과 고려하여 수용하기 • 인쇄물과 디지털 매체를 통한 공유의 특성과 효과 고려하여 수용하기 • 문학과 영상의 영향 관계와 상호 작용의 효과 파악하기 • 문학 창작의 요소와 기법에 유의하여 수용·생산하기 • 영상 창작의 요소와 기법에 유의하여 수용·생산하기 • 유사한 소재를 중심으로 통합적으로 수용하기 • 적절하고 효과적인 경로로 창작물 공유하기
가치·태도	• 비판적 수용과 성찰 • 창의적 사고와 적극적 소통 • 윤리적 책임 인식과 능동적 참여

관련 학과 및 관련 직업

관련 학과	관련 직업
국어국문학과, 국어교육학과, 신문방송학과, 언어학과, 언어정보학과, 광고홍보학과, 광고홍보콘텐츠학과, 미디어커뮤니케이션학과, 미디어영상학과, 미디어광고콘텐츠학과, 디지털영상마케팅학과, 미디어영상광고학과, 문예창작학과 등	광고 및 홍보전문가, 광고기획자, 교수, 기자, 동시통역사, 리포터, 문헌학자, 방송작가, 방송연출가, 번역가, 아나운서, 언론인, 인문사회계열 작가, 언어학연구원, 중등교사, 통역사, 평론가, 출판물기획전문가, 카피라이터 등

6 직무 의사소통

교과(군)	선택과목			평가정보		수능
국어	일반 선택	진로 선택 ●	융합 선택	성취도 5단계	상대평가 5등급	×

듣기·말하기, 읽기, 쓰기, 문법, 문학, 매체 영역에서 직무와 관련성이 높은 학습 요소들을 유기적으로 통합하여 학습자의 실질적인 직무 의사소통 능력을 향상하는 데 목적이 있는 과목이다. 이 과목에서 학습자는 원활한 직무 수행을 위해 직업 유형, 직무 형태, 직무 공동체의 소통 문화, 소통 목적, 참여자 특성 등에 따라 다양한 형태의 의사소통을 할 수 있음을 이해하고, 직무 수행에 필요한 정확하고 효과적인 의사소통 역량과 공동체·대인 관계 역량을 기르며, 능동적·협력적으로 직무 의사소통에 참여하여 자신과 직무 공동체의 성장과 발전을 촉진할 수 있는 태도를 함양한다.

또한 직무 과정에서 상호 존중하고 의견을 효과적으로 조정할 수 있는 역량을 계발하는 데 있어 직업의 변화 속도가 빨라지고, 재택근무나 원격근무와 같이 직무 환경이 다변화되고 있기에 사회 구성원이 다양해지고 있는 현실의 반영을 중요하게 여긴다.

목표
◆ 직무 공동체의 다양한 소통 문화와 직무 환경의 변화 양상을 이해한다.
◆ 직무 소통 문화와 직무 환경을 고려하여 효과적으로 직무를 수행하는 의사소통을 한다.
◆ 직무 환경 변화에 대응하여 지속적으로 자기를 계발하고 직무 공동체의 성장을 촉진하며 직무 의사소통에 능동적·협력적으로 참여한다.

내용 체계

범주	내용 요소
지식·이해	• 직무 의사소통의 맥락 • 목적, 맥락, 참여자 특성에 적합한 소통 • 직무 의사소통과 매체
과정·기능	• 직무에 적합하게 자기를 소개하고 면접에 참여하기 • 진로와 직무 탐색을 위해 정보를 이해하고 평가하기 • 직무 정보를 체계적으로 관리하고 활용하기 • 직무 정보를 효과적으로 조직하고 표현하기 • 대화와 협의를 통해 직무 의사소통 문제와 갈등 조정하기 • 직무 공동체의 문제에 대한 대안을 탐색하고 해결하기 • 다양한 매체를 활용해 직무 공동체 구성원과 협력 기반의 소통하기
가치·태도	• 직무 의사소통에서의 개인 권리 및 보안에 대한 책무 • 직무 환경의 변화에 대응하는 지속적인 자기 성찰 및 계발 • 직무 의사소통에의 능동적이고 협력적인 참여

관련 학과 및 관련 직업

관련 학과
국어국문학과, 국어교육학과, 신문방송학과, 언어학과, 언어정보학과, 광고홍보학과, 광고홍보콘텐츠학과, 미디어커뮤니케이션학과, 미디어영상학과, 미디어광고콘텐츠학과, 디지털영상마케팅학과, 미디어영상광고학과, 문예창작학과 등

관련 직업
광고 및 홍보전문가, 광고기획자, 교수, 기자, 동시통역사, 리포터, 문헌학자, 방송작가, 방송연출가, 번역가, 아나운서, 언론인, 인문사회계열 작가, 언어학연구원, 중등교사, 통역사, 평론가, 출판물기획전문가, 카피라이터 등

7 독서 토론과 글쓰기

교과(군)	선택과목			평가정보		수능
	일반 선택	진로 선택	융합 선택	성취도	상대평가	
국어			●	5단계	5등급	×

학습자 스스로 필요한 책을 탐색하여 읽고 대화, 토의, 토론 등을 활용하여 독서 토론하고 글을 씀으로써 비판적·창의적 사고력과 협력적 의사소통 능력을 함양하는 데 목적이 있다. '독서 토론과 글쓰기'는 다양한 분야의 책을 토대로 독서 토론을 하거나 글쓰기를 수행하는 경험을 통해, 학습자가 삶과 세상을 이해하고 통찰하며 서로 다른 생각과 관점을 존중하는 성숙한 민주시민으로 성장하도록 돕기 위해 설정한 과목이다. 이 과목에서는 학습자들이 함께 책을 읽고 의견을 나누며 글을 쓰는 일련의 과정에서 책에 대한 이해와 감상을 공유하고 소통하는 데 중점을 둔다.

학습자는 자아 탐색과 타자 및 세계 이해, 지식 확장과 교양 함양, 공동체의 문제 해결과 사회적 담론 참여 등 독서 토론과 글쓰기의 실제적인 목적을 실현해 가며 상호작용하는 과정에서 주체적이고 협력적인 언어 공동체 구성원으로서의 소양을 기를 수 있다.

🌱 목표

◆ 책에 담긴 의미를 깊이 있게 해석하고 공동체 구성원과 공유하며 자신의 생각을 비판적·창의적으로 표현한다.
◆ 서로 다른 생각과 관점을 존중하며 공동체 구성원과 협력적으로 의사소통한다.
◆ 책을 바탕으로 삶을 탐구하고 성찰하며 자신과 공동체의 문제를 적극적으로 해결한다.

📖 내용 체계

범주	내용 요소
지식·이해	• 독서 토론과 글쓰기의 특성 • 독서 토론과 글쓰기의 맥락
과정·기능	• 개인이나 공동체의 관심사를 고려하여 읽을 책을 탐색하고 선정하기 • 질문을 생성하며 주체적으로 해석하기 • 대화, 토의, 토론 등을 활용하여 독서 토론하기 • 쓰기 목적, 독자, 매체를 고려하여 글을 쓰고 공유하기 • 자아를 탐색하고 타자와 세계를 이해하기 • 지식을 확장하고 교양을 함양하기 • 공동체의 문제를 해결하고 사회적 담론에 참여하기
가치·태도	• 능동적이고 협력적인 참여 • 서로 다른 생각과 관점에 대한 존중

관련 학과 및 관련 직업

관련 학과

국어국문학과, 국어교육학과, 신문방송학과, 언어학과, 언어정보학과, 광고홍보학과, 광고홍보콘텐츠학과, 미디어커뮤니케이션학과, 미디어영상학과, 미디어광고콘텐츠학과, 디지털영상마케팅학과, 미디어영상광고학과, 문예창작학과 등

관련 직업

광고 및 홍보전문가, 광고기획자, 교수, 기자, 동시통역사, 리포터, 문헌학자, 방송작가, 방송연출가, 번역가, 스토리텔러, 아나운서, 언론인, 인문사회계열 작가, 언어학연구원, 중등교사, 출판물기획전문가, 통역사, 평론가, 카피라이터 등

8 매체 의사소통

교과(군)	선택과목			평가정보		수능
국어	일반 선택	진로 선택	융합 선택 ●	성취도 5단계	상대평가 5등급	×

지속적으로 진화하는 디지털 매체가 개인과 사회의 의사소통 문화에 미치는 영향에 대해 관심을 가지고, 실제 삶 속에서 매체를 통해 의사소통하는 과정에서 나타나는 현상과 문제점을 비판적으로 탐구하며, 바람직한 의사소통 문화를 형성해 나가는 데 목적이 있는 과목이다. 이 과목에서는 변화하는 매체 환경 속에서 개인과 사회에 영향을 미치는 매체 의사소통의 방식과 문화를 탐구하고 비판적으로 성찰하는 태도를 기르는 것에 중점을 둔다.

이 과목을 통해 매체 환경에서 생산자가 누구이며 어떤 목적과 의도를 가지고 텍스트를 생산하는지, 수용자는 다양한 매체 환경에서 텍스트를 어떻게 이해하고 받아들이는지, 텍스트의 의미가 사회·문화적으로 어떻게 구성되는지 이해할 수 있다. 또한 개인적·사회적 관심사에 대한 자신의 관점을 반영하여 매체 자료를 제작하고 공유함으로써 매체 의사소통에 적극적으로 참여할 수 있다.

목표

◆ 매체가 개인과 사회·문화에 미치는 영향에 관심을 가지고 매체 의사소통에 대해 비판적으로 이해한다.

◆ 매체 의사소통에 관련된 다양한 현상들을 탐구·분석하며, 디지털 자료와 도구를 활용하여 매체 자료를 제작·공유한다.

◆ 실제 삶에서 경험하는 매체 의사소통 현상에 주도적이고 협력적인 태도로 참여하여 바람직한 매체 의사소통 문화 조성에 기여한다.

내용 체계

범주	내용 요소
지식·이해	• 매체의 유형과 특성 • 디지털 기술과 매체 환경 변화 • 매체 자료의 사회·문화적 구성과 재현
과정·기능	• 매체 의사소통 현상 관찰하기 • 매체 자료 수집·분석하기 • 매체 자료 해석·평가하기 • 매체 자료 기획·구성하기 • 매체 자료 제작·공유하기
가치·태도	• 협력적 문제 해결과 소통 태도 • 매체 의사소통에 대한 윤리적·성찰적 태도

관련 학과 및 관련 직업

관련 학과	관련 직업
광고홍보학과, 광고홍보콘텐츠학과, 국어국문학과, 국어교육학과, 디지털영상마케팅학과, 문예창작학과, 미디어커뮤니케이션학과, 미디어영상학과, 미디어영상광고학과, 미디어광고콘텐츠학과, 신문방송학과, 언어학과, 언어정보학과, 웹문예학과, 한국어학과, 한국어교육과, 홍보광고학과 등	광고 및 홍보전문가, 광고기획자, 교수, 기자, 동시통역사, 리포터, 문헌학자, 방송작가, 방송연출가, 번역가, 스토리텔러, 아나운서, 언론인, 인문사회계열 작가, 언어학연구원, 중등교사, 출판물기획전문가, 통역사, 테크니컬 라이터, 평론가, 카피라이터, 칼럼니스트, 학예사 등

9 언어생활 탐구

교과(군)	선택과목			평가정보		수능
국어	일반 선택	진로 선택	융합 선택	성취도	상대평가	×
			●	5단계	5등급	

일상의 언어생활에서 다양한 주제를 발견하여 탐구함으로써 비판적·창의적 사고력을 기르고 능동적인 언어 주체로서 바람직한 언어문화를 실천하도록 하는 데 목적이 있다. '언어생활 탐구'는 언어가 자신을 성찰하고 타인과 소통하며 세상을 이해하는 핵심 자원이자 경로라는 점을 인식하고, 다양한 삶의 맥락에서 효과적이고도 적절한 언어 사용 방식을 모색하는 과정에서 자신과 주변의 언어생활에 대한 민감성을 고양하기 위해 설정한 과목이다.

이 과목에서는 언어를 통해 정체성을 형성하고 학습을 하며 타인과 사회적으로 소통하는 양상을 학습자들이 탐구함으로써 언어의 힘과 가치를 인식하고 자신의 언어생활에 능동적으로 참여하도록 하는 데 중점을 둔다. 또한 주체적이고 협력적인 의사소통을 하는 과정에서 개인적·사회적인 여러 개념과 현상들이 어떻게 언어를 매개로 구현되고 실천되는지를 탐구함으로써 자신과 공동체의 언어생활을 성찰하고 개선하도록 한다.

🌱 목표

◆언어생활에 대한 탐구와 성찰을 바탕으로 개인과 공동체의 문제를 해결한다.
◆공동체 구성원의 다양한 생각을 존중하며 주체적이고 협력적으로 의사소통한다.
◆언어의 힘과 가치를 이해하고 바람직한 언어문화 실천에 능동적으로 참여한다.

📖 내용 체계

범주	내용 요소
지식·이해	• 우리 삶에 작용하는 언어의 역할 • 글과 담화의 맥락과 언어적 특성
과정·기능	• 언어생활에서 탐구 주제 발견하기 • 언어 자료 수집하고 분석하기 • 언어 자료 해석하고 결과 공유하기 • 언어를 통한 정체성 실현과 관계 형성 양상 탐구하기 • 글과 담화의 표현 특성과 효과 탐구하기 • 사회적 담론 형성의 맥락과 과정 탐구하기 • 공공 언어 사용의 실제 탐구하기
가치·태도	• 언어생활에 대한 민감성과 책임감 • 주체적·능동적인 언어문화 실천

관련 학과 및 관련 직업

관련 학과	관련 직업
광고홍보학과, 광고홍보콘텐츠학과, 국어국문학과, 국어교육학과, 디지털영상마케팅학과, 문예창작학과, 미디어커뮤니케이션학과, 미디어영상학과, 미디어영상광고학과, 미디어광고콘텐츠학과, 신문방송학과, 언어학과, 언어정보학과, 웹문예학과, 한국어학과, 한국어교육과, 홍보광고학과 등	광고 및 홍보전문가, 광고기획자, 교수, 기자, 동시통역사, 리포터, 문헌학자, 방송작가, 방송연출가, 번역가, 스토리텔러, 아나운서, 언론인, 인문사회계열 작가, 언어학연구원, 중등교사, 출판물기획전문가, 통역사, 테크니컬 라이터, 평론가, 카피라이터, 칼럼니스트, 학예사 등

수학 교과군

교과(군)
수학

공통 과목
공통수학1, 공통수학2
기본수학1, 기본수학2

일반 선택
대수, 미적분Ⅰ,
확률과 통계

진로 선택
미적분Ⅱ, 기하,
경제 수학, 인공지능
수학, 직무 수학

구분
보통
교과

**수학
교과군**

융합 선택
수학과 문화, 실용
통계, 수학과제
탐구

과목명	절대평가		상대평가	통계정보			수능
	원점수	성취도 (5단계)	석차등급 (5등급)	성취도 분포비율	과목평균	수강자수	
공통수학1	○	A·B·C·D·E	○	○	○	○	×
공통수학2	○	A·B·C·D·E	○	○	○	○	×
기본수학1	○	A·B·C·D·E	○	○	○	○	×
기본수학2	○	A·B·C·D·E	○	○	○	○	×
대수	○	A·B·C·D·E	○	○	○	○	○
미적분Ⅰ	○	A·B·C·D·E	○	○	○	○	○
확률과 통계	○	A·B·C·D·E	○	○	○	○	○
미적분Ⅱ	○	A·B·C·D·E	○	○	○	○	×
기하	○	A·B·C·D·E	○	○	○	○	×
경제 수학	○	A·B·C·D·E	○	○	○	○	×
인공지능 수학	○	A·B·C·D·E	○	○	○	○	×
직무 수학	○	A·B·C·D·E	○	○	○	○	×
수학과 문화	○	A·B·C·D·E	○	○	○	○	×
실용 통계	○	A·B·C·D·E	○	○	○	○	×
수학과제 탐구	○	A·B·C·D·E	○	○	○	○	×

공통 과목 / **일반 선택** / **진로 선택** / **융합 선택**

1 대수

교과(군)	선택과목			평가정보		수능
수학	**일반 선택**	**진로 선택**	**융합 선택**	**성취도**	**상대평가**	공통
	●			5단계	5등급	

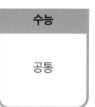

〈대수〉는 규칙적으로 변화하는 관계를 표현한 함수에 대해 이해하고 탐구하는 과목이다. 〈대수〉에서 학습한 내용은 매우 빠르게 또는 느리게 증가하거나 감소하는 수량이나 현상 혹은 주기적인 현상을 표현하고 탐구하거나, 규칙적으로 나열된 수를 일반적인 식으로 나타내는 데 도움이 된다. 해당 과목을 학습한 학생들은 큰 수를 더 편리하게 다루고, 주기적인 성질을 이해하여 다양한 사회 및 자연 현상을 수학적으로 해석하고 탐구할 수 있으며, 모든 자연수에서 성립하는 규칙의 일반성을 귀납적 추론 또는 연역적 추론을 통해 수학적으로 정당화할 수 있다.

목표

◆ 대수 지식을 이해하고 활용하여 적극적이고 자신감 있게 여러 가지 문제를 해결한다.

◆ 대수에 흥미와 관심을 갖고 추측과 정당화를 통해 추론한다.

◆ 대수에서 활용되는 수학적 사고와 전략에 대해 의사소통하고 수학적 표현의 편리함을 인식한다.

◆ 대수와 관련된 수학의 개념, 원리, 법칙 간의 연결성을 탐구하고 실생활이나 타 교과에 수학을 적용하여 수학의 유용성을 인식한다.

◆ 목적에 맞게 교구나 공학 도구를 활용하며 자료를 수집하고 처리하여 정보에 근거한 합리적 의사 결정을 한다.

내용 체계

범주		내용 요소
지식·이해	지수함수와 로그함수	• 지수와 로그 • 지수함수와 로그함수
	삼각함수	• 삼각함수, 사인법칙과 코사인법칙
	수열	• 등차수열과 등비수열, 수열의 합, 수학적 귀납법
과정·기능		• 대수의 개념, 원리, 법칙 탐구하기 • 식과 그래프, 수학 기호 등을 비교하고, 표현하기 • 대수의 개념, 원리, 법칙이나 자신의 수학적 사고와 전략 설명하기 • 적절한 전략을 사용하여 문제 해결하기 • 대수의 개념, 법칙 활용하기 • 적절한 공학 도구를 선택하여 함수의 그래프 그리고 탐구하기 • 상용로그, 삼각함수를 실생활과 연결하기 • 등차수열과 등비수열의 일반항과 그 합 구하기 • 수학적 귀납법으로 증명하기

관련 학과 및 관련 직업

관련 학과	관련 직업
사회과학계열, 자연과학계열, 공학계열 전체 학과	건축가, 경제학자, 기계공학기술자, 물리학자, 소프트웨어공학자, 수학자, 세무사, 생명공학기술자, 애널리스트, 음향전문가, 지리학자, 정보보안전문가, 천문학자, 통계학자, 펀드 매니저, 컴퓨터공학기술자, 항해사, 화학공학기술자, 화학자, 회계사 등

2 미적분 Ⅰ

교과(군)	선택과목			평가정보		수능
	일반 선택	진로 선택	융합 선택	성취도	상대평가	
수학	●			5단계	5등급	공통

〈미적분Ⅰ〉은 사회 및 자연 현상의 변화를 다루는 수학적 도구로서 미적분의 기초 내용에 대해 이해하고 탐구하는 과목이다. 〈미적분Ⅰ〉에서 학습한 내용은 한없이 가까워지는 현상과 관련된 무한의 개념을 직관적으로 이해하고, 순간적인 변화를 탐구하는 데 유용한 개념 및 넓이, 이동 거리 등과 관련된 문제해결에서 폭넓게 활용되는 개념을 이해하는 데 도움이 된다.

〈미적분Ⅰ〉에서 학습한 내용은 자연과학, 공학, 의학뿐만 아니라 경제•경영학을 포함한 사회과학, 인문학, 예술 및 체육 분야를 학습하는 데 기초가 된다.

🌱 목표

◆ 미적분 지식을 이해하고 활용하여 적극적이고 자신감 있게 여러 가지 문제를 해결한다.
◆ 미적분에 흥미와 관심을 갖고 추측과 정당화를 통해 추론한다.
◆ 미적분에서 활용되는 수학적 사고와 전략에 대해 의사소통하고 수학적 표현의 편리함을 인식한다.
◆ 미적분과 관련된 개념, 원리, 법칙 간의 연결성을 탐구하고 실생활이나 타 교과에 수학을 적용하여 수학의 유용성을 인식한다.
◆ 목적에 맞게 교구나 공학 도구를 활용하며 자료를 수집하고 처리하여 정보에 근거한 합리적 의사 결정을 한다.

📖 내용 체계

범주		내용 요소
지식·이해	함수의 극한과 연속	• 함수의 극한, 함수의 연속
	미분	• 미분계수, 도함수, 도함수의 활용
	적분	• 부정적분, 정적분, 정적분의 활용
과정·기능		• 미적분의 개념, 원리, 법칙 탐구하기 • 극한값, 미분계수, 도함수, 접선의 방정식, 부정적분, 정적분, 도형의 넓이 구하기 • 공학 도구를 이용하여 극한, 연속, 미분과 적분을 탐구하기 • 연속의 뜻을 극한으로 탐구하기, 연속함수의 성질을 다른 영역 내용에 응용하기 • 적절한 전략을 사용하여 문제 해결하기 • 수학의 여러 영역의 내용을 극한, 미분, 적분과 연결하기 • 극한, 미분, 적분의 개념, 원리, 법칙 등을 실생활이나 타 교과와 연결하기 • 미적분의 개념, 원리, 법칙에 근거하여 함수의 연속성과 함수의 미분가능성 등을 판정하기 • 미적분의 개념, 원리, 법칙이나 자신의 수학적 사고와 전략을 설명하기 • 미적분의 개념 간의 관계 설명하기, 미분과 적분의 관계를 탐구하기 • 식, 그래프, 기호 등을 표현하기

🧪 관련 학과 및 관련 직업

관련 학과	관련 직업
사회과학계열, 자연과학계열, 공학계열 전체 학과	경제학자, 기계공학기술자, 로봇공학기술자, 물리학자, 수학자, 생명공학자, 생명과학연구원, 애널리스트, 음향전문가, 전기공학기술자, 전자공학기술자, 자동차공학기술자, 지리학자, 토목공학기술자, 통계학자, 컴퓨터공학기술자, 항공우주공학기술자, 화학공학기술자, 화학자, 회계사 등

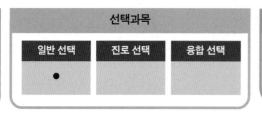

3 확률과 통계

교과(군)	선택과목			평가정보		수능
수학	**일반 선택** ●	**진로 선택**	**융합 선택**	**성취도** 5단계	**상대평가** 5등급	공통

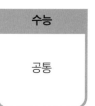

〈확률과 통계〉는 데이터를 기반으로 하는 확률적 소양과 통계적 소양을 개발하기 위해 확률, 통계와 관련된 개념을 이해하고 탐구하는 과목이다. 〈확률과 통계〉에서 학습한 내용은 다른 영역에서 학습한 내용을 심층적으로 이해하는 데 도움을 줄 뿐만 아니라 다른 교과 또는 다른 영역에서의 지식을 융합적 관점에서 활용하는 데에도 도움이 된다.

〈확률과 통계〉에서 학습한 내용은 자연과학, 공학, 의학뿐만 아니라 경제·경영학을 포함한 사회과학, 인문학, 예술 및 체육 분야를 학습하는 데 기초가 된다.

목표

◆ 확률과 통계 지식을 이해하고 활용하여 적극적이고 자신감 있게 여러 가지 문제를 해결한다.
◆ 확률과 통계에 흥미와 관심을 갖고 추측과 정당화를 통해 추론한다.
◆ 확률과 통계에서 활용되는 수학적 사고와 전략에 대해 의사소통하고 수학적 표현의 편리함을 인식한다.
◆ 확률과 통계와 관련된 수학의 개념, 원리, 법칙 간의 연결성을 탐구하고 실생활이나 타 교과에 수학을 적용하여 수학의 유용성을 인식한다.
◆ 목적에 맞게 교구나 공학 도구를 활용하며 자료를 수집하고 처리하여 정보에 근거한 합리적 의사 결정을 한다.

내용 체계

범주		내용 요소
지식·이해	경우의 수	• 순열과 조합, 이항정리
	확률	• 확률의 개념과 활용, 조건부확률
	통계	• 확률분포, 통계적 추정
과정·기능		• 경우의 수, 확률, 평균, 표준편차 구하기, 확률과 통계의 개념, 원리, 법칙을 설명하기 • 적절한 전략을 사용하여 문제 해결하기 • 확률과 통계의 개념 사이의 관계를 설명하기 • 확률과 통계의 개념을 실생활에 연결(적용)하기 • 확률과 통계의 개념, 원리, 법칙에 근거하여 판단(추정)하기 • 확률과 통계의 개념, 원리, 법칙을 탐구하기 • 적절한 공학 도구를 선택하여 이용하기 • 자료를 수집하고 정리하고 해석하기, 추정한 결과를 해석하기

관련 학과 및 관련 직업

관련 학과	관련 직업
사회과학계열, 자연과학계열, 공학계열 전체 학과	경제학자, 기계공학기술자, 로봇공학기술자, 물리학자, 보험계리사, 산업공학기술자, 수학자, 식품공학기술자, 손해사정인, 애널리스트, 에너지공학기술자, 여론조사전문가, 음향전문가, 자동차공학기술자, 지리학자, 토목공학기술자, 통계학자, 컴퓨터공학기술자, 환경공학기술자, 항공우주공학기술자, 화학공학기술자, 회계사 등

4 기하

교과(군)	선택과목			평가정보		수능
수학	일반 선택	진로 선택 ●	융합 선택	성취도 5단계	상대평가 5등급	×

〈기하〉는 평면과 공간에 나타나는 기하적 대상을 다양한 방식으로 표현하고 탐구하는 과목이다. 원뿔을 절단하여 나타난 곡선을 대수와 연결하여 분석하고, 공간도형의 성질을 이해하며, 크기와 방향을 갖는 벡터를 이용하여 평면과 공간에서 나타나는 도형을 탐구하여 주변 현상을 기하적 대상으로 표현하고 대상들의 구조와 관계를 파악하는 데 도움이 된다.

〈기하〉를 학습한 학생들은 도형의 성질을 연역적으로 추론하고 기하와 대수를 연결하여 탐구함으로써 추론 능력을 기르고 수학적 연결성을 경험할 수 있다. 〈기하〉에서 학습한 내용은 자연과학, 공학, 의학뿐만 아니라 경제•경영학을 포함한 사회과학, 인문학, 예술 및 체육 분야를 학습하는 데 기초가 된다.

 ## 목표

◆ 기하 지식을 이해하고 활용하여 적극적이고 자신감 있게 여러 가지 문제를 해결한다.

◆ 기하에 흥미와 관심을 갖고 추측과 정당화를 통해 추론한다.

◆ 기하에서 활용되는 수학적 사고와 전략에 대해 의사소통하고 수학적 표현의 편리함을 인식 한다.

◆ 기하와 관련된 수학의 개념, 원리, 법칙 간의 연결성을 탐구하고 실생활이나 타 교과에 수학을 적용하여 수학의 유용성을 인식한다.

◆ 목적에 맞게 교구나 공학 도구를 활용하며 자료를 수집하고 처리하여 정보에 근거한 합리적 의사 결정을 한다.

내용 체계

범주		내용 요소
지식•이해	이차곡선	• 이차곡선
	공간도형과 공간지표	• 공간도형 • 공간좌표
	벡터	• 벡터의 연산, 벡터의 성분과 내적, 도형의 방정식
과정•기능		• 도형을 방정식과 벡터로 표현하기 • 대수적 절차를 수행하여 값 또는 식 구하기 • 연역적 추론을 통해 도형의 성질 증명하기 • 도형 사이의 관계를 탐구하기 • 수학적 개념을 좌표로 표현하기, 연산 절차 수행하기 • 수학적 개념을 연결하기, 적절한 전략을 사용하여 문제 해결하기 • 적절한 공학 도구를 이용하여 기하적 대상 탐구하기

관련 학과 및 관련 직업

관련 학과	관련 직업
건축학과, 건축공학과, 경제학과, 기계공학과, 물리학과, 산업디자인학과, 수학과, 지구과학과, 지리학과, 자동차공학과, 전기공학과, 전자공학과, 조선해양공학과, 토목공학과, 통계학과, 컴퓨터공학과, 항공운항과 등	건축가, 건축공학기술자, 기계공학기술자, 자동차공학자, 물리학자, 수학자, 지리학연구원, 전기공학기술자, 전자공학기술자, 토목공학기술자, 천문학자, 통계학자, 컴퓨터공학기술자, 항공기조종사, 해양공학기술자 등

5 미적분 II

교과(군)	선택과목			평가정보		수능
	일반 선택	진로 선택	융합 선택	성취도	상대평가	
수학		●		5단계	5등급	×

〈미적분 II〉는 사회 및 자연 현상을 탐구하는 데 필요한 미적분 내용을 폭넓게 이해하고 탐구하는 과목이다. 〈미적분 II〉에서 학습한 내용은 수열의 극한과 급수의 합을 구하는 방법을 직관적으로 이해하고 여러 가지 함수와 그 함수의 합성을 통해 얻은 새로운 함수의 미분과 적분을 효율적으로 구하는 방법을 다루어, 다양한 현상을 모델링할 때 나타나는 여러 가지 함수의 미분과 적분을 이해하고 활용하는 데 도움이 된다.

〈미적분 II〉에서 학습한 내용은 자연과학, 공학, 의학뿐만 아니라 경제·경영학을 포함한 사회과학, 인문학, 예술 및 체육 분야를 학습하는 데 기초가 된다.

🌱 목표

◆ 미적분 지식을 이해하고 활용하여 적극적이고 자신감 있게 여러 가지 문제를 해결한다.
◆ 미적분에 흥미와 관심을 갖고 추측과 정당화를 통해 추론한다.
◆ 미적분에서 활용되는 수학적 사고와 전략에 대해 의사소통하고 수학적 표현의 편리함을 인식한다.
◆ 미적분과 관련된 개념, 원리, 법칙 간의 연결성을 탐구하고 실생활이나 타 교과에 수학을 적용하여 수학의 유용성을 인식한다.
◆ 목적에 맞게 교구나 공학 도구를 활용하며 자료를 수집하고 처리하여 정보에 근거한 합리적 의사 결정을 한다.

📖 내용 체계

범주		내용 요소
지식·이해	수열의 극한	• 수열의 극한, 급수
	미분법	• 여러 가지 함수의 미분, 여러 가지 미분법, 도함수의 활용
	적분법	• 여러 가지 함수의 적분법, 정적분의 활용
과정·기능		• 미적분의 개념, 원리, 법칙, 관계를 탐구하기 • 곡선의 위로 볼록과 아래로 볼록 등을 판정하기 • 극한값, 등비급수의 합, 이계도함수, 접선의 방정식, 부정적분, 정적분, 도형의 넓이, 입체도형의 부피 구하기 • 공학 도구를 이용하여 수열의 극한, 급수, 미분과 적분에 대해 탐구하기 • 극한, 미분, 적분의 개념, 원리, 법칙 등을 실생활이나 타 교과와 연결하기 • 다양한 함수를 미분하기 • 적절한 전략을 사용하여 문제 해결하기 • 미분, 적분을 수학의 여러 영역의 내용과 연결하기 • 식, 그래프, 기호 등으로 표현하기

🧪 관련 학과 및 관련 직업

관련 학과	관련 직업
사회과학계열, 자연과학계열, 공학계열 전체 학과	경제학자, 기계공학기술자, 로봇공학기술자, 물리학자, 수학자, 생명공학자, 생명과학연구원, 애널리스트, 음향전문가, 자동차공학기술자, 전기공학기술자, 전자공학기술자, 지리학자, 토목공학기술자, 통계학자, 컴퓨터공학기술자, 항공우주공학기술자, 화학공학기술자, 화학자, 회계사 등

6 경제 수학

교과(군)	선택과목			평가정보		수능
	일반 선택	진로 선택	융합 선택	성취도	상대평가	
수학		●		5단계	5등급	×

〈경제 수학〉은 경제 및 금융의 기본 개념에 수학이 활용되는 다양한 사례를 경험하고, 경제 현상을 수학적으로 해석하고 탐구하는 과목이다. 〈경제 수학〉에서 학습한 내용은 수학의 개념, 원리, 법칙을 경제 분야의 지식과 연결하여 융합적 관점에서 이해하고 활용하는 데 도움이 된다. 〈경제 수학〉은 자신의 진로와 적성을 고려하여 경제 수학의 지식과 기능을 통해 경제 및 금융의 기본 개념을 이해하려는 학생들이 선택할 수 있다.
〈경제 수학〉에서 학습한 내용은 경제·경영학을 포함한 사회과학 및 인문학 분야를 학습하는 데 기초가 된다.

🌱 목표

◆ 경제 현상과 관련된 수학을 이해하고 활용하여 적극적이고 자신감 있게 여러 가지 경제 현상의 문제를 해결한다.
◆ 경제 현상과 관련된 수학에 흥미와 관심을 갖고 추측과 정당화를 통해 추론한다.
◆ 경제 현상을 설명하는 방법으로서 수학적 표현의 편리함을 인식하고 수학적 사고와 전략에 대해의사소통한다.
◆ 경제 현상과 관련된 수학의 개념, 원리, 법칙 간의 관련성을 탐구하고 실생활이나 타 교과에 수학을 적용하여 수학의 유용성을 인식한다.
◆ 목적에 맞게 교구나 공학 도구를 활용하며 자료를 수집하고 처리하여 정보에 근거한 합리적 의사 결정을 한다.

📖 내용 체계

범주		내용 요소
지식·이해	수와 경제	• 수와 생활경제, 수열과 금융
	함수와 경제	• 함수와 경제 현상, 함수의 활용
	행렬과 경제	• 행렬과 경제 현상, 행렬의 활용
	미분과 경제	• 미분과 경제 현상, 미분의 활용
과정·기능		• 경제 현상과 관련된 통계 자료 활용하기 • 이자, 원리합계, 현재가치, 연금, 역행렬 구하기, 행렬의 연산 수행하기 • 함수, 그래프, 행렬을 사용하여 경제 현상 나타내기, 경제 현상을 나타내는 함수 미분하기 • 미분을 이용하여 그래프의 개형 탐구하고 해석하기, 경제 수학의 개념, 원리, 법칙을 탐구하기 • 수학의 개념, 원리, 법칙 등을 활용하여 경제 현상 설명하기 • 수학의 개념, 원리, 법칙을 활용하여 경제 현상의 문제를 해결하기

관련 학과 및 관련 직업

관련 학과	관련 직업
경영학과, 경제학과, 경제금융학과, 경제통상학과, 국제통상학과, 금융수학과, 금융경제학과, 금융공학과, 무역학과, 빅데이터경영학과, 빅데이터응용학과, 수학과, 수학교육과, 수학통계학과, 세무학과, 세무회계학과, 통계학과, 회계학과 등	노무사, 수학자, 수학 및 통계 연구원, 감정평가사, 보험계리사, 빅데이터전문가, 보험계리사, 세무사, 손해사정인, 여론조사전문가, 애널리스트, 은행원, 인공지능연구원, 자산관리전문가, 통계학자, 투자분석가, 펀드매니저, 회계사 등

7 인공지능 수학

교과(군)	선택과목			평가정보		수능
수학	**일반 선택**	**진로 선택** ●	**융합 선택**	**성취도** 5단계	**상대평가** 5등급	×

> 〈인공지능 수학〉은 인공지능의 데이터 처리와 의사 결정에 수학이 활용되는 다양한 사례를 경험함으로써, 인공지능과 수학의 관련성을 탐구하는 과목이다. 〈인공지능 수학〉에서 학습한 내용은 수학의 개념, 원리, 법칙을 인공지능과 같은 타 영역과의 융합적 관점에서 이해하고 활용하는 데 도움이 된다.
>
> 〈인공지능 수학〉은 인공지능 분야에서 수학이 어떻게 활용되는지 알기를 원하는 학생들이 선택할 수 있다. 〈인공지능 수학〉에서 학습한 내용은 자연과학, 공학, 의학뿐만 아니라 경제•경영학을 포함한 사회과학, 인문학, 예술 및 체육 분야를 학습하는 데 기초가 된다.

🌱 목표

◆ 인공지능과 관련된 수학을 이해하고 활용하여 적극적이고 자신감 있게 여러 가지 문제를 해결한다.

◆ 인공지능과 관련된 수학에 흥미와 관심을 갖고 추측과 정당화를 통해 추론한다.

◆ 인공지능에서 활용되는 수학적 사고와 전략에 대해 의사소통하고 수학적 표현의 편리함을 인식한다.

◆ 인공지능과 관련된 수학의 개념, 원리, 법칙 간의 연결성을 탐구하고 실생활이나 타 교과에 수학을 적용하여 수학의 유용성을 인식한다.

◆ 목적에 맞게 교구나 공학 도구를 활용하며 자료를 수집하고 처리하여 정보에 근거한 합리적 의사 결정을 한다.

📖 내용 체계

범주		내용 요소
지식•이해	인공지능과 빅데이터	• 인공지능의 개념과 역사, 빅데이터와 인공지능
	텍스트 데이터 처리	• 텍스트 데이터 표현, 텍스트 데이터 분석
	이미지 데이터 처리	• 이미지 데이터 표현, 이미지 데이터 분석
	예측과 최적화	• 경향성과 예측, 최적화
	인공지능과 수학 탐구	• 합리적 의사 결정, 인공지능과 수학 탐구
과정•기능		• 인공지능을 사용하여 합리적으로 문제 해결하기 • 인공지능의 학습방식을 수학적으로 해석하기 • 인공지능과 관련된 수학의 개념, 원리, 법칙 탐구하기 • 최적화된 예측을 위한 추세선 찾기, 데이터를 목적에 맞게 표현하기 • 인공지능과 관련된 수학의 원리와 방법 설명하기 • 인공지능을 위한 빅데이터의 활용 방법 찾기 • 수학적 표현을 사용하며 데이터 변환하기, 데이터를 요약하고 유용한 정보 추출하기 • 수학적 원리 및 공학 도구를 예측에 이용하기

🧪 관련 학과 및 관련 직업

관련 학과	관련 직업
AI융합학부, AI학과, 기계공학과, 데이터과학과, 로봇공학과, 산업공학과, 소프트웨어학과, 소프트웨어공학과, 의공학과, 인공지능학과 자동차공학과, 정보통신공학과, 통계학과, 컴퓨터공학과, 컴퓨터과학과, 컴퓨터사이언스학과, 컴퓨터학과 등	가상현실전문가, 데이터과학자, 빅데이터전문가, 빅데이터공학자, 사물인터넷전문가, 산업공학기술자, 수학자, 소프트웨어개발자, 응용소프트웨어개발자, 의공학자, 정보통신공학기술자, 증강현실전문가, 정보보안전문가, 인공지능전문가, 통계학자

8 직무 수학

교과(군)	선택과목			평가정보		수능
	일반 선택	진로 선택	융합 선택	성취도	상대평가	
수학		●		5단계	5등급	×

〈직무 수학〉은 직무 상황에서 필요한 수학의 개념, 원리, 법칙을 이해하여 문제를 해결하는 능력과 태도를 기르는 과목이다. 〈직무 수학〉에서 학습한 내용은 학생이 미래의 직무 상황에서 수학 교과 역량을 발휘하여 합리적으로 의사 결정하는 데 도움이 된다.

〈직무 수학〉은 자신의 진로와 적성을 고려하여 미래 직무 현장에서 수학이 어떻게 활용되는지 이해하기를 원하는 학생들이 선택할 수 있다. 〈직무 수학〉에서 학습한 내용은 미래의 직무 상황에서 마주하는 여러 문제를 해결하는 데 기초가 된다.

🌱 목표

◆ 직무 상황과 관련된 수학을 이해하고 활용하여 적극적이고 자신감 있게 여러 가지 문제를 해결한다.
◆ 직무 상황과 관련된 수학에 흥미와 관심을 갖고 추측과 정당화를 통해 추론한다.
◆ 직무 상황에서 수학적 사고와 전략에 대해 의사소통하고 수학적 표현의 편리함을 인식한다.
◆ 직무 상황에서 활용되는 수학의 개념, 원리, 법칙 간의 연결성을 탐구하고 직무와 연계하여 실생활이나 타 교과에 수학을 적용하여 수학의 유용성을 인식한다.
◆ 목적에 맞게 교구나 공학 도구를 활용하며 자료를 수집하고 처리하여 정보에 근거한 합리적 의사 결정을 한다.

📖 내용 체계

범주		내용 요소
지식·이해	수와 연산	• 수와 사칙연산, 단위 환산
	변화와 관계	• 비율과 백분율, 규칙성과 변화, 식과 문제해결
	도형과 측정	• 도형의 관찰과 표현, 도형의 측정
	자료와 가능성	• 경우의 수와 가능성, 자료의 정리와 해석
과정·기능		• 수학적 개념을 활용하여 직무 상황의 문제 해결하기 • 수학적 개념에 근거하여 수 크기를 비교하기 ⊠변환된 단위 계산하기 • 수학의 개념, 원리, 법칙을 직무 상황에 연결하여 적용하기 • 수학적 표현을 사용하여 설명하기 • 식, 표, 그래프를 이해하고 설명하기 • 입체도형의 모양 표현하기, 입체도형의 모양 판별하기 • 수학의 성질, 공식, 규칙에 근거하여 값 구하기 • 직무 상황의 다양한 자료와 정보를 수집, 변환하여 목적에 맞게 정리하기 • 여러 가지 방법으로 변환한 자료 해석하기 • 자료에 기반하여 합리적으로 의사 결정하기 • 직무 상황에서 요구되는 문제에 대한 다양한 해결 방법 탐색하기 • 적절한 공학 도구를 선택하여 직무 상황의 문제 해결에 이용하기

관련 학과 및 관련 직업

관련 학과 및 직업
직무 분야(경영·금융, 문화·예술, 디자인·방송, 관광·레저, 식품·조리, 건축·토목, 기계, 재료, 화학 공업, 섬유·의류, 전기·전자, 정보·통신, 환경·안전·소방, 농림·축산, 수산·해운 등) 전반

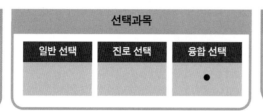

9 수학과 문화

교과(군)	선택과목			평가정보		수능
수학	**일반 선택**	**진로 선택**	**융합 선택**	**성취도**	**상대평가**	×
			●	5단계	5등급	

〈수학과 문화〉는 문화와 수학 사이의 융합 현상을 탐구하여 인간 활동으로서 수학의 역할을 이해하고 문화 발달에서 수학의 유용성과 가치를 음미하는 과목이다. 〈수학과 문화〉에서 학습한 내용은 다양한 영역과 수학 사이의 연결성을 인식하고 창의·융합적 사고력을 함양하는 데 도움이 된다.

〈수학과 문화〉는 자신의 진로와 적성을 고려하여 다양한 영역에서 문화와 수학의 융합 사례를 탐구함으로써 수학 중심의 융합적 사고 역량을 개발하고자 하는 학생들이 선택할 수 있다. 〈수학과 문화〉에서 학습한 내용은 자연과학, 공학, 의학뿐만 아니라 경제·경영학을 포함한 사회과학, 인문학, 예술 및 체육 분야 등을 포함하여 미래 산업과 기술 발전을 창의적이고 혁신적으로 주도할 수 있는 역량 개발의 기반을 제공한다.

🌱 목표

◆ 문화 현상과 관련된 수학을 이해하고 활용하여 적극적이고 자신감 있게 여러 가지 문제를 해결한다.
◆ 문화 현상과 관련된 수학에 흥미와 관심을 갖고 추측과 정당화를 통해 추론한다.
◆ 문화 현상과 관련된 수학적 사고와 전략에 대해 의사소통하고 수학적 표현의 편리함을 인식한다.
◆ 문화 현상과 관련된 수학의 개념, 원리, 법칙 간의 연결성을 탐구하고 실생활이나 타 교과에 수학을 적용하여 수학의 유용성을 인식한다.
◆ 목적에 맞게 교구나 공학 도구를 활용하여 문화 현상에 관한 자료를 수집하고 수학적으로 분석하여 정보에 근거한 합리적 의사 결정을 한다.

📖 내용 체계

범주		내용 요소
지식·이해	예술과 수학	• 음악과 수학·미술과 수학·문학과 수학·영화와 수학
	생활과 수학	• 스포츠와 수학·게임과 수학·디지털 기술과 수학·투표와 수학
	사회와 수학	• 민속 수학·점자표와 수학·대중매체와 수학·가치소비와 수학
	환경과 수학	• 식생활과 수학·대기 오염과 수학·사막화와 수학·생명권과 수학
과정·기능		• 독창적이고 다양한 문제해결 방법을 탐색하여 실천 계획을 수립하기 • 수학의 개념, 원리, 법칙 등을 활용하여 융합 사례를 탐구하기 • 수학의 개념, 원리, 법칙 등을 다양한 문화 현상과 연결하여 융합적 창작물 설계하기 • 수학적 표현을 사용하여 의사소통하기 • 수학 내적, 외적 연결을 통해 새로운 지식, 경험 등을 생성하기 • 융합 사례의 자료와 정보를 수집, 정리, 분석하여 목적에 맞게 해석하기

관련 학과 및 관련 직업

관련 학과	관련 직업
사회과학계열, 자연과학계열, 공학계열, 의학계열, 예술 및 체육계열 학과 전체	사회, 자연, 과학, 공학, 의학, 예술, 체육계열 분야의 전반적 활동 분야 직업

10 실용 통계

교과(군)	선택과목			평가정보		수능
	일반 선택	진로 선택	융합 선택	성취도	상대평가	
수학			●	5단계	5등급	×

〈실용 통계〉는 통계적 문제해결 과정을 이해하고, 통계적 탐구 활동을 통해 실생활 문제를 해결하는 과목이다. 〈실용 통계〉에서 학습한 내용은 정보화 사회에서 생산되는 자료가 인류를 이해하고 미래를 개척하는 주요한 자산이 됨을 이해하고 이를 활용하여 현대 사회의 다양한 문제를 해결하는 데 도움이 된다.

〈실용 통계〉에서 학습한 통계의 지식과 기능은 자연과학, 공학, 의학뿐만 아니라 경제·경영학을 포함한 사회과학, 인문학, 예술 및 체육 분야를 학습하는 데 토대가 되며, 나아가 자료 수집, 분석, 해석 역량을 갖춘 창의적인 사람으로 성장할 수 있는 기반을 제공한다.

목표

◆ 통계적 현상과 관련된 수학을 이해하고 활용하여 적극적이고 자신감 있게 여러 가지 문제를 해결한다.
◆ 통계적 현상과 관련된 수학에 흥미와 관심을 갖고 추측과 정당화를 통해 추론한다.
◆ 통계적 현상과 관련된 수학적 사고와 전략에 대해 의사소통하고 수학적 표현의 편리함을 인식한다.
◆ 통계적 현상과 관련된 수학의 개념, 원리, 법칙 간의 연결성을 탐구하고 실생활이나 타 교과에 수학을 적용하여 수학의 유용성을 인식한다.
◆ 목적에 맞게 교구나 공학 도구를 활용하여 통계 자료를 수집하여 처리하고, 그 결과를 이용하여 합리적인 의사 결정을 한다.

내용 체계

범주		내용 요소
지식·이해	통계와 통계적 문제	• 통계와 통계적 문제해결 • 모집단과 표본
	자료의 수집과 정리	• 자료의 종류와 수집 • 자료의 표현과 요약
	자료의 분석	• 통계적 추정 • 통계적 검정
	통계적 탐구	• 통계적 탐구 활동
과정·기능		• 통계의 개념, 원리, 법칙을 설명하기·통계적 전략을 선택하기 • 자료를 그래프로 나타내기·자료를 통계값으로 요약하기 • 통계적으로 예측하기·가설을 설정하고 검정하기 • 적절한 공학 도구를 이용하여 통계적 탐구 수행하기 • 실생활 문제를 해결하기

관련 학과 및 관련 직업

관련 학과
사회과학계열, 자연과학계열, 공학계열 학과 전체

관련 직업
경제학자, 노무사, 대기과학자, 데이터과학자, 보험계리사, 빅데이터공학자, 산업공학기술자, 손해사정인, 수학자, 신약개발연구원, 스포츠 기록 분석원, 여론조사전문가, 임상의학연구원, 외환딜러, 애널리스트, 펀드매니저, 통계학자, 회계사

11 수학과제 탐구

교과(군)	선택과목			평가정보		수능
수학	**일반 선택**	**진로 선택**	**융합 선택**	**성취도**	**상대평가**	×
			●	5단계	5등급	

〈수학과제 탐구〉는 다양한 수학적 탐구 방법과 절차를 이해하고, 자신의 흥미와 관심에 따라 자기주도적 탐구를 실행하는 과목이다. 〈수학과제 탐구〉에서 학습한 탐구 방법은 수학 개념을 심층적으로 탐구하고, 실생활 사례를 수학적으로 해석할 수 있으며, 타 교과와의 연결을 통해 새로운 수학적 사실을 발견하는 데 도움이 된다.

〈수학과제 탐구〉는 자신의 진로와 적성에 따라 실생활의 다양한 분야에서 선정한 주제를 탐구하는 활동을 통해 융합적 사고력을 기르고자 하는 학생들이 선택할 수 있다. 〈수학과제 탐구〉에서 습득한 탐구 능력은 자연과학, 공학, 의학뿐만 아니라 경제•경영학을 포함한 사회과학, 인문학, 예술 및 체육 분야를 학습하는 데 기초가 된다.

목표

◆ 수학과제 탐구와 관련된 수학적 지식을 이해하고 활용하여 적극적이고 자신감 있게 여러 가지 문제를 해결한다.
◆ 수학과제 탐구에 흥미와 관심을 갖고 추측과 정당화를 통해 추론한다.
◆ 수학과제 탐구에서 활용되는 수학적 사고와 전략에 대해 의사소통하고 수학적 표현의 편리함을 인식한다.
◆ 수학과제 탐구와 관련된 수학의 개념, 원리, 법칙 간의 연결성을 이해하고 실생활이나 타 교과에 수학을 적용하여 수학의 유용성을 인식한다.
◆ 수학과제 탐구에서 목적에 맞게 교구나 공학 도구를 활용하며 수학과제 탐구에 필요한 자료를 수집하고 처리하여 사실적 정보에 기반한 합리적 의사 결정을 한다.

내용 체계

범주		내용 요소
지식•이해	과제 탐구의 이해	• 수학과제 탐구의 의미와 필요성•연구 윤리
	과제 탐구의 방법과 절차	• 문헌 연구•사례 조사•수학 실험•개발 연구
	과제 탐구의 실행 및 평가	• 주제 선정 및 계획 수립•탐구 수행 • 탐구 결과 정리 및 발표•반성 및 평가
과정•기능		• 토의•토론을 통해 수학과제 탐구, 올바른 연구 윤리의 의미와 필요성 설명하기 • 수학의 여러 개념, 원리, 법칙 등을 실생활이나 타 교과와 연결하기 • 탐구 계획을 수립하고 이에 따른 탐구를 수행하기 • 자료와 정보를 수집하고 적절한 수학과제 탐구 방법을 선택하고 활용하기 • 탐구 방법을 이해하고 탐구 문제를 해결하기 • 탐구 결과를 바탕으로 합리적으로 의사 결정하기 • 탐구 과정과 결과를 정리하고 정확한 수학적 표현을 사용하여 산출물을 만들고 발표하기

관련 학과 및 관련 직업

관련 학과	관련 직업
사회과학계열, 자연과학계열, 공학계열 학과 전체	사회, 자연, 과학 전반의 활동 분야

영어 교과군

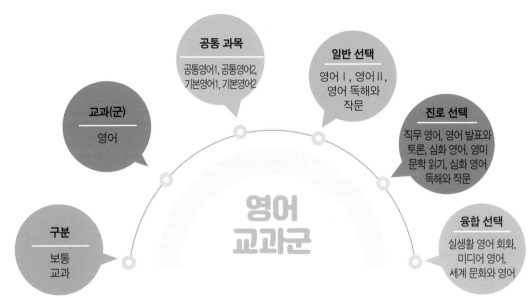

교과(군)
영어

공통 과목
공통영어1, 공통영어2,
기본영어1, 기본영어2

일반 선택
영어Ⅰ, 영어Ⅱ,
영어 독해와
작문

진로 선택
직무 영어, 영어 발표와
토론, 심화 영어, 영미
문학 읽기, 심화 영어
독해와 작문

융합 선택
실생활 영어 회화,
미디어 영어,
세계 문화와 영어

구분
보통
교과

영어
교과군

과목명	절대평가		상대평가	통계정보			수능
	원점수	성취도 (5단계)	석차등급 (5등급)	성취도 분포비율	과목평균	수강자수	
공통 과목							
공통영어1	○	A·B·C·D·E	○	○	○	○	×
공통영어2	○	A·B·C·D·E	○	○	○	○	×
기본영어1	○	A·B·C·D·E	○	○	○	○	×
기본영어2	○	A·B·C·D·E	○	○	○	○	×
일반 선택							
영어Ⅰ	○	A·B·C·D·E	○	○	○	○	○
영어Ⅱ	○	A·B·C·D·E	○	○	○	○	○
영어 독해와 작문	○	A·B·C·D·E	○	○	○	○	×
진로 선택							
직무 영어	○	A·B·C·D·E	○	○	○	○	×
영어 발표와 토론	○	A·B·C·D·E	○	○	○	○	×
심화 영어	○	A·B·C·D·E	○	○	○	○	×
영미 문학 읽기	○	A·B·C·D·E	○	○	○	○	×
심화 영어 독해와 작문	○	A·B·C·D·E	○	○	○	○	×
융합 선택							
실생활 영어 회화	○	A·B·C·D·E	○	○	○	○	×
미디어 영어	○	A·B·C·D·E	○	○	○	○	×
세계 문화와 영어	○	A·B·C·D·E	○	○	○	○	×

1 영어 I

교과(군)	선택과목			평가정보		수능
영어	일반 선택 ●	진로 선택	융합 선택	성취도 5단계	상대평가 5등급	공통

공통 과목인 '공통영어'에서 배운 내용을 바탕으로 듣기, 말하기, 읽기, 쓰기의 네 기능을 통합적으로 다루어 사회생활이나 학업에 필요한 의사소통 능력을 더욱 향상할 뿐만 아니라, 장차 학습자의 진로 및 전공 분야와 관련된 영어 이해 능력과 표현 능력의 기본을 다지는 과목이다.

학습자는 이 과목에서 다양한 매체를 활용한 상호 작용과 협업 과정을 통해 자신과 공동체가 마주하고 있는 문제를 함께 해결하려는 민주시민이자 세계시민으로서의 자질과 소양을 기를 수 있다.

📖 내용 체계

범주			내용 요소
지식·이해	이해	언어	• 다양한 단어나 어구 다양한 구조의 문장 • 이야기나 서사 및 운문 • 친교나 사회적 목적의 말이나 글 • 정보 전달 교환 목적의 말이나 글 • 의견 전달 교환이나 주장 목적의 말이나 글
		맥락	• 사회생활이나 학업 관련 등 일반적 주제 • 우리 문화 및 타 문화의 생활 양식, 사고방식, 의사소통 방식
	표현	언어	• 다양한 단어나 어구　• 다양한 구조의 문장 • 이야기나 서사 및 운문　친교나 사회적 목적의 말이나 글 • 정보 전달 교환 목적의 말이나 글 • 의견 전달 교환이나 주장 목적의 말이나 글
		맥락	• 사회생활이나 학업 관련 등 일반적 주제 • 우리 문화 및 타 문화의 생활 양식, 사고방식, 의사소통 방식
과정·기능	이해		• 세부 정보 파악하기　• 주제나 요지 파악하기 • 글의 분위기나 심정 추론하기　• 의도나 목적 추론하기 • 일이나 사건의 절차나 순서 파악하기　• 일이나 사건의 원인과 결과 파악하기 • 어구나 문장의 함축적 의미 추론하기　• 말이나 글의 전개 방식이나 구조 파악하기 • 다양한 매체로 표현된 말이나 글 이해하기 • 적절한 듣기 또는 읽기 전략 적용하기
	표현		• 그림, 사진, 도표 등 시각 자료 설명하기　• 경험이나 계획 설명하기 • 일이나 사건 설명하기　• 의견이나 감정 표현하기 • 듣거나 읽은 내용 요약하기　• 서식에 맞게 작성하기 • 쓰기 윤리를 준수하여 고쳐 쓰기　• 다양한 매체를 활용하여 정보 전달하기 • 적절한 말하기 또는 쓰기 전략 적용하기

관련 학과 및 관련 직업

관련 학과	관련 직업
EICC학과, 비즈니스영어학과, 영어영문학과, 영어영문학부, 영어영문학전공, 영미학과, 영어과, 영어학과, 영어교육학과, 영어문화학과, 영어산업학과, 영어통번역전공, 영미문화학과, 영미언어문화학과, 응용영어콘텐츠학과, 응용영어통번역학과, 해양영어영문학과 등	관광가이드, 공무원, 국제기구공무원, 국제회의기획자, 기자, 통역사, 번역가, 통번역가, 외교관, 외교공무원, 영어교사, 외국어학원강사, 특파원, 테크니컬에디터, 항공기객실승무원, 호텔컨시어지, 해외영업원 등

2 영어 II

교과(군)	선택과목			평가정보		수능
영어	일반 선택	진로 선택	융합 선택	성취도	상대평가	공통
	●			5단계	5등급	

'공통영어'나 일반 선택 과목군 내의 다른 과목에서 배운 내용을 심화하여 사회생활이나 학업에 필요한 의사소통 능력을 더욱 향상할 뿐만 아니라, 장차 학습자의 진로 및 전공 분야와 관련된 영어 이해 능력과 표현 능력을 연마하는 과목이다.

학습자의 진로와 전공에 대한 다양한 요구를 최대한 충족하기 위해 공동체 관련 주제는 물론 기초 학문 영역의 다양한 주제나 내용을 다루는 데 필요한 언어 능력을 계발하도록 한다. 또한 다양한 매체를 활용한 상호 작용과 협업 과정을 통해 자신과 공동체가 마주하고 있는 문제를 함께 해결하는 민주시민으로서의 소양과 더불어 국제적 안목을 가진 세계시민으로서의 자질과 소양을 함양하도록 한다.

📖 내용 체계

범주			내용 요소	
지식·이해	이해	언어	• 다양한 단어나 어구	• 다양한 구조의 문장
			• 이야기나 서사 및 운문	• 친교나 사회적 목적의 말이나 글
			• 정보 전달 교환 목적의 말이나 글	• 의견 전달 교환이나 주장 목적의 말이나 글
		맥락	• 사회생활이나 학업 및 지역	• 세계 공동체 관련 등 다양한 주제
			• 우리 문화 및 타 문화의 생활 양식, 사고방식, 의사소통 방식	
	표현	언어	• 다양한 단어나 어구	• 다양한 구조의 문장
			• 이야기나 서사 및 운문	• 친교나 사회적 목적의 글
			• 정보 전달 교환 목적의 글	• 의견 전달 교환이나 주장 목적의 글
		맥락	• 사회생활이나 학업 관련 등 다양한 주제	
			• 우리 문화 및 타 문화의 생활 양식, 사고방식, 의사소통 방식	
과정·기능	이해		• 세부 정보 파악하기 • 주제나 요지 파악하기 • 심정이나 어조 추론하기	
			• 의도나 목적 추론하기 • 논리적 관계 추론하기 • 함축적 의미 추론하기	
			• 다양한 유형의 말이나 글의 구조 파악하기	
			• 다양한 매체로 표현된 정보 이해하기 • 적절한 듣기 또는 읽기 전략 적용하기	
	표현		• 그림, 사진, 도표 등 시각 자료 설명하기 • 일이나 사건 설명하기	
			• 감상이나 느낌을 표현하기 • 의견이나 주장 제시하기	
			• 듣거나 읽은 내용 요약하기 • 대상 설득하기	
			• 서식에 맞게 글 작성하기 • 쓰기 윤리를 준수하여 고쳐 쓰기	
			• 다양한 매체 활용하여 정보 전달하기 • 적절한 말하기 또는 쓰기 전략 적용하기	

관련 학과 및 관련 직업

관련 학과	관련 직업
EICC학과, 비즈니스영어학과, 영어영문학과, 영어영문학부, 영어영문학전공, 영미학과, 영어과, 영어학과, 영어교육학과, 영어문화학과, 영어산업학과, 영어통번역전공, 영미문문화학과, 영미언어문화학과, 응용영어콘텐츠학과, 응용영어통번역학과, 해양영어영문학과 등	관광가이드, 공무원, 국제기구공무원, 국제회의기획자, 기자, 통역사, 번역가, 통번역가, 외교관, 외교공무원, 영어교사, 외국어학원강사, 특파원, 테크니컬에디터, 항공기객실승무원, 호텔컨시어지, 해외영업원 등

3 영어 독해와 작문

교과(군)	선택과목			평가정보		수능
영어	**일반 선택**	**진로 선택**	**융합 선택**	**성취도**	**상대평가**	×
	●			5단계	5등급	

'기본영어' 또는 '공통영어'나 일반 선택 과목군의 교과목에서 배운 내용을 바탕으로 읽기와 쓰기를 중점적으로 학습하여 일상생활이나 사회생활에서 필요로 하는 영어 능력뿐만 아니라, 학문 및 전공 분야에서 필요로 하는 독해와 작문 능력을 향상하는 과목이다.

학습자는 여러 과정과 기능을 통해 사회생활이나 학업 관련 등 다양한 주제를 담은 글을 자기주도적으로 탐구할 수 있도록 언어 능력을 계발하고 비판적 사고를 통해 문제 해결력을 함양하도록 한다. 아울러, 다양한 주제와 학문 영역의 기초를 다질 수 있는 글을 이해하고 분석하여 자신의 의견 및 사실적 정보를 목적과 형식에 맞게 쓸 수 있는 작문 능력을 기른다.

📖 내용 체계

범주			내용 요소	
지식 · 이해	독해	언어	• 다양한 단어나 어구 • 이야기나 서사 및 운문 • 정보 전달 교환 목적의 글	• 다양한 구조의 문장 • 친교나 사회적 목적의 글 • 의견 전달·교환이나 주장 목적의 글
		맥락	• 사회생활이나 학업 관련 등 다양한 주제 • 우리 문화 및 타 문화의 생활 양식, 사고방식, 의사소통 방식	
	작문	언어	• 다양한 단어나 어구 • 이야기나 서사 및 운문 • 친교나 사회적 목적의 글 • 정보 전달·교환 목적의 글 • 의견 전달·교환이나 주장 목적의 글	• 다양한 구조의 문장
		맥락	• 사회생활이나 학업 관련 등 다양한 주제 • 우리 문화 및 타 문화의 생활 양식, 사고방식, 의사소통 방식	
과정 · 기능	독해		• 세부 정보 파악하기 • 심정이나 어조 추론하기 • 논리적 관계 파악하기 • 글의 전개 방식이나 구조 파악하기 • 적절한 읽기 전략 적용하기	• 주제나 요지 파악하기 • 의도나 목적 추론하기 • 함축적 의미 추론하기 • 다양한 매체로 표현된 정보 파악하기
	작문		• 그림, 사진, 도표 등 시각 자료 설명하기 • 경험, 계획, 사건 설명하기 • 읽은 내용 요약하기 • 점검하여 고쳐 쓰기 • 적절한 쓰기 전략 적용하기	• 의견이나 감정 제시하기 • 다양한 서식 작성하기 • 다양한 매체를 활용하여 정보 전달하기

🧪 관련 학과 및 관련 직업

관련 학과	관련 직업
EICC학과, 비즈니스영어학과, 영어영문학과, 영어영문학부, 영어영문학전공, 영미학과, 영어과, 영어학과, 영어교육학과, 영어문화학과, 영어산업학과, 영어통번역전공, 영미문학문화학과, 영미언어문화학과, 응용영어콘텐츠학과, 응용영어통번역학과, 해양영어영문학과 등	관광가이드, 공무원, 국제기구공무원, 국제회의기획자, 기자, 통역사, 번역가, 통번역가, 외교관, 외교공무원, 영어교사, 외국어학원강사, 특파원, 테크니컬에디터, 항공기객실승무원, 호텔컨시어지, 해외영업원 등

4 직무 영어

교과(군)	선택과목			평가정보		수능
	일반 선택	진로 선택	융합 선택	성취도	상대평가	
영어		●		5단계	5등급	×

공통 과목군의 '기본영어' 또는 '공통영어'나 일반 선택 과목군의 교과목에서 배운 내용을 바탕으로 학습자의 진로 및 미래 직업 분야에 대한 탐색 기회를 제공하고, 다양한 직무 관련 활동에 필요한 기본적이고 핵심적인 실무 영어 능력을 기르기 위한 과목이다.

학습자는 자기주도적인 학습 태도로 진로와 전공에 따른 요구를 반영한 활동을 함으로써 직무 수행의 핵심역량인 기초적인 의사소통 능력을 기른다. 학습자는 다양한 직무 상황에서 접할 수 있는 타 문화와의 차이를 포용적인 자세로 이해하며, 상호 협력적인 태도를 갖추어 세계시민으로서의 자질과 소양을 함양한다.

목표

◆ 다양한 직무 상황이나 목적에 맞게 영어로 의사소통한다.
◆ 직무 상황에서 접하는 문화 간 차이와 다양성을 포용적인 태도로 이해한다.
◆ 직업 공동체의 구성원으로서 서로 존중하고 공감하며 상호 협력적인 태도를 기른다.
◆ 자기 주도적으로 직무 상황을 파악하고 창의적으로 문제를 해결한다.
◆ 영어로 표현된 다양한 매체의 디지털 지식 정보를 직무 상황이나 목적에 맞게 검색, 수집, 이해, 분석, 평가 및 활용한다.

내용 체계

범주		내용요소
지식 · 이해	언어	• 다양한 단어나 어구 • 다양한 구조의 문장 • 진로 및 직무 관련 어휘 및 표현 • 사회적 목적의 말이나 글 • 진로 탐색과 관련된 말이나 글 • 직무 수행과 관련된 말이나 글
	맥락	• 다양한 진로 및 직무 관련 주제 • 우리 문화 및 타 문화의 생활 양식, 사고방식, 의사소통 방식
과정 · 기능		• 주요 내용 파악하기 • 상황 및 화자 간 관계 파악하기 • 일이나 사건의 절차나 순서 파악하기 • 상황이나 목적에 맞게 서식 작성하기 • 직무 관련 정보에 대해 묻고 답하기 • 적절한 의사소통 전략 적용하기 • 사실적 정보를 재구성하여 전달하기 • 매체를 활용하여 의견 표현하기
가치 · 태도		• 자기주도적으로 진로 및 직무를 탐색하는 태도 • 직무 관련 문화의 다양성에 대한 이해와 공감 • 직무 상황의 의사소통과 관련한 보안, 책무, 권리 인식

관련 학과 및 관련 직업

관련 학과
관광학부, 경영학과, 경제학과, 국제학부, 무역학과, 실용 영어학과, 영어통번역과, 영미문화학과, 자율전공학부, 정치 외교학과, 등

관련 직업
통역사, 번역가, 국제회의기획자, 외국어학원강사, 무역사무원, 여행상품개발자, 광고홍보전문가, 원산지관리사, 변리사, 해외영업원 등

5 영어 발표와 토론

교과(군)	선택과목			평가정보		수능
영어	**일반 선택**	**진로 선택** ●	**융합 선택**	**성취도** 5단계	**상대평가** 5등급	×

영어 듣기와 말하기 기능과 관련된 심화 과목으로, 기본적인 영어 구사 능력을 바탕으로 다양한 상황에서 적절한 의사소통 전략을 활용하여 영어로 발표하고 토론할 수 있는 능력을 기르기 위한 과목이다.

학습자는 발표 및 토론에 필요한 기본적인 표현을 익히고 발표 내용을 효과적으로 전달하며 다양한 견해에 대해 자신의 의견을 논리적으로 주장하고 토론할 수 있는 역량을 기른다. 또한 정치, 경제, 사회, 문화, 환경 등의 여러 문제에 대해 필요한 정보를 다양한 매체를 통해 수집, 분석, 평가하여 활용하는 능력과 비판적 사고력을 기른다.

📖 내용 체계

범주			내용 요소
지식 · 이해	발표	언어	• 발표를 위한 표현 및 기법　　• 발표의 구조와 유형 • 발표와 관련된 담화글
		맥락	• 기초 학문 분야 주제 및 사회적 이슈 • 다양한 문화권에 속한 사람들의 언어적·비언어적 의사소통 방식
	토론	언어	• 토론을 위한 표현 및 기법 • 토론의 구조와 방식 • 토론과 관련된 담화
		맥락	• 기초 학문 분야 주제 및 사회적 이슈 • 다양한 문화권에 속한 사람들의 언어적　• 비언어적 의사소통 방식
과정 · 기능	발표		• 청중 분석하기　　　　　　　　　　　• 발표의 목적과 주제 선정하기 • 정보 수집, 발표 개요 작성, 시각 자료 작성 등 발표 준비하기 • 일화나 사건 소개하기　　　　　　　• 사물, 개념, 방법, 절차, 통계 자료 등 사실적 정보 설명하기 • 사실, 가치, 정책 등 자신의 주장 설득하기　• 다양한 매체를 활용하여 발표하기 • 다양한 언어적 비언어적 의사소통 방식 이해하고 적용하기 • 적절한 발표 기법 및 전략 적용하기 • 발표 과정 및 결과에 대해 평가하고 비판적으로 성찰하기
	토론		• 토론자 분석하기　　　　　　　　　　• 토론 논제 선정하기 • 정보 수집, 토론 개요 작성, 시각 자료 작성 등 토론 준비하기 • 학술 자료, 통계, 사례 등 주장에 대한 근거 제시하기 • 토론 논제에 대한 자신의 관점 설득하기　• 논증의 타당성 분석 평가하기 • 다양한 언어적 비언어적 의사소통 방식 이해하고 적용하기 • 적절한 토론 절차 및 전략 적용하기 • 토론 과정 및 결과에 대해 평가하고 비판적으로 성찰하기

관련 학과 및 관련 직업

관련 학과	관련 직업
국제학부, 국제경영학과, 국제관계학과, 국제관계학전공, 국제무역학과, 국제법무학과, 국제사무학과, 국제지역학부, 국제통상물류학과, 국제통상학과, 국제학과, 국제학부, 정치외교학과 등	통역사, 번역가, 통번역가, 외교관, 국제회의기획자, 국제통상전문가, 국제무역전문가, 무역사무원, 외국어학원강사, 호텔컨시어지, 해외영업원 등

6 심화 영어

교과(군)	선택과목			평가정보		수능
	일반 선택	진로 선택	융합 선택	성취도	상대평가	
영어		●		5단계	5등급	×

일반 선택 과목인 '영어 I' 및 '영어 II'와 연계된 심화 과목으로, 일상생활에 필요한 의사소통 능력을 심화하고 기초 학문 분야를 포함한 다양한 주제와 관련된 영어 이해 능력과 표현 능력을 기르는 과목이다.

학습자는 기본적인 의사소통 능력을 바탕으로 자기주도학습과 협업 활동을 통해 창의·비판적 사고력을 기르고 언어·문화적 다양성에 대한 이해와 포용 능력을 갖추어 세계시민으로서의 기본 역량을 함양하며, 상호 존중하고 공감하며 협동하는 태도를 기른다.

📖 내용 체계

범주			내용 요소
지식·이해	이해	언어	• 다양한 단어나 어구 • 다양한 구조의 문장 • 이야기나 서사 및 운문 • 친교나 사회적 목적의 말이나 글 • 정보 전달·교환 목적의 말이나 글 • 의견 전달·교환이나 주장 목적의 말이나 글
		맥락	• 다양한 주제 및 기초 학문 분야 주제 • 우리 문화 및 타 문화의 생활 양식, 사고방식, 의사소통 방식
	표현	언어	• 다양한 단어나 어구 • 다양한 구조의 문장 • 이야기나 서사 및 운문 • 친교나 사회적 목적의 말이나 글 • 정보 전달·교환 목적의 말이나 글 • 의견 전달·교환이나 주장 목적의 말이나 글
		맥락	• 다양한 주제 및 기초 학문 분야 주제 • 우리 문화 및 타 문화의 생활양식, 사고방식, 의사소통 방식
과정·기능	이해		• 세부 정보 파악하기 • 주제나 요지 파악하기 • 심정, 태도, 의도, 목적 추론하기 • 이어질 내용 예측하기 • 논리적 관계 추론하기 • 어구나 문장의 함축적 의미 추론하기 • 다양한 매체의 정보 비판적으로 평가하기 • 적절한 듣기 또는 읽기 전략 적용하기
	표현		• 내용, 그림, 사진, 도표 등 설명하기 • 경험이나 사건 기술하기 • 방법이나 절차 설명하기 • 감상이나 느낌 표현하기 • 의견 조정하며 토의하기 • 듣거나 읽은 내용 요약하기 • 비교 대조하기 • 자료 재구성하여 발표하기 • 점검하여 고쳐 쓰기 • 매체 활용하여 정보 전달하기 • 적절한 말하기 또는 쓰기 전략 적용하기

 관련 학과 및 관련 직업

관련 학과	관련 직업
영어산업학과, 영어영문학과, 영어통번역과, 영미문화학과, 실용영어학과, 영미학과, 영어학과, 영어문화학과, 영어산업학과, 영어통번역전공, 영미문학문화학과, 영미언어문화학과, 응용영어통번역학과 등	통역사, 번역가, 관광가이드, 언어학자, 호텔컨시어지, 외국어 학원 강사, 외교관, 외교공무원, 무역중개인, 대사관 직원 등

교과(군)	선택과목			평가정보		수능
	일반 선택	진로 선택	융합 선택	성취도	상대평가	
영어		●		5단계	5등급	 ×

일반 선택 과목인 '영어 I', '영어 II,' '영어 독해와 작문' 과목과 연계된 과목으로, 시, 희곡, 소설 등 영어로 쓰인 다양한 장르의 문학 작품 감상을 통해 영어 능력을 확장하고 작품에 대한 생각과 느낌을 비판적·창의적으로 표현하는 능력을 기르기 위한 과목이다.

학습자는 기본적인 영어 능력을 바탕으로 작품에 반영된 다양한 사회·문화적 가치를 비판적으로 사고하고, 자신의 삶과 연계하여 이해하는 심미적 감수성을 기르며, 다양한 관점에 대해 공감하고 상호 협력적으로 의사소통하는 능력을 배양한다. 또한 다양하고 흥미로운 문학 체험 활동과 매체를 활용한 독후 활동 등을 통해 지속적으로 문학 작품에 대한 흥미와 동기를 가지고 작품을 감상하는 습관을 형성한다.

목표

◆ 영미 문학 작품을 통해 영어를 이해하고 표현하는 능력을 심화한다.
◆ 영미 문학 작품을 주체적으로 감상함으로써 비판적·창의적 사고력을 배양하고 심미적 소양과 인문학적 상상력을 기른다.
◆ 영미 문학 작품을 감상하고 다양한 매체를 활용하여 포용적인 태도로 타 문화의 가치를 이해할 수 있는 능력을 기른다.
◆ 다양하고 흥미로운 문학 경험을 통해 다양한 관점에 대해 공감하고 상호 협력적으로 소통한다.

내용 체계

범주		내용요소
지식 · 이해	언어	• 시의 운율, 이미지, 비유 • 이야기 구조 • 희곡의 구성 요소
		• 시(동요, 동시 등), 희곡(동극), 이야기(동화, 우화, 신화 등), 소설, 수필
	맥락	• 다양한 문학 장르와 주제 • 우리 문화 및 타 문화의 생활 양식, 사고방식, 의사소통 방식
과정 · 기능		• 주요 내용 요약하기 • 의도나 목적 파악하기 • 자신의 느낌이나 감상 공유하고 표현하기 • 문학 작품의 구조 분석·설명하기 • 문학적 비유 표현 활용하여 창의적으로 표현하기 • 매체를 활용하여 다양한 관점에서 분석·비평하기

관련 학과 및 관련 직업

관련 학과	관련 직업
EICC학과, 비즈니스영어학과, 영어영문학과, 영어영문학부, 영어영문학전공, 영미학과, 영어과, 영어학과, 영어교육학과, 영어문화학과, 영어산업학과, 영어통번역전공, 영미문학문화학과, 영미언어문화학과, 응용영어콘텐츠학과, 응용영어통번역학과, 해양영어영문학과 등	관광가이드, 공무원, 국제기구공무원, 국제회의기획자, 기자, 통역사, 번역가, 통번역가, 외교관, 외교공무원, 영어교사, 외국어학원강사, 특파원, 테크니컬에디터, 항공기객실승무원, 호텔컨시어지, 해외영업원 등

8 심화 영어 독해와 작문

교과(군)	선택과목			평가정보		수능
영어	일반 선택	진로 선택 ●	융합 선택	성취도 5단계	상대평가 5등급	×

일반 선택 과목군의 '영어 독해와 작문'과 연계된 읽기·쓰기 기능의 심화 과목으로, 기초 학문 분야를 포함하는 다양한 주제와 장르의 글을 읽고 이해하며 비판적인 독해 능력을 기르고 자신의 의견을 창의적으로 표현하는 종합적인 영어 문해력을 배양하기 위한 과목이다.

이를 통해 학습자는 다양한 언어·문화적 배경을 가진 사람들 간의 올바른 의사소통에 대한 이해와 포용적 태도를 갖추어 세계시민으로서의 자질과 소양을 높인다. 학습자는 효과적인 전략을 활용하여 자기주도적으로 다양한 매체의 글을 읽고 분석하며 비평하는 활동을 통해 상호 존중하고 공감하며 협동하는 태도를 함양한다.

📖 내용 체계

범주			내용 요소	
지식·이해	독해	언어	• 다양한 단어, 어구, 문장	• 다양하고 복잡한 구조의 문장
			• 이야기나 서사 및 운문	• 정보 전달·교환 목적의 글
			• 의견 전달·교환이나 주장 목적의 글	
		맥락	• 다양한 분야의 기초 학문 주제	
			• 우리 문화 및 타 문화의 생활양식, 사고방식, 의사소통 방식	
	작문	언어	• 다양한 단어, 어구, 문장	
			• 다양하고 복잡한 구조의 문장	
			• 이야기나 서사 및 운문	• 정보 전달·교환 목적의 글
			• 의견 전달·교환이나 주장 목적의 글	
		맥락	• 다양한 분야의 기초 학문 주제	
			• 우리 문화 및 타 문화의 생활양식, 사고방식, 의사소통 방식	
과정·기능	독해		• 주요 내용 파악하기	
			• 심정, 어조, 분위기, 의도, 목적 추론하기	
			• 논리적 관계 추론하기	• 함축적 의미 추론하기
			• 문학적 표현과 의미 파악하기	
			• 다양한 유형의 글의 구조 비교·분석하기	
			• 다양한 매체의 글 탐색하고 비판적으로 읽기	
			• 적절한 읽기 전략 적용하기	
	작문		• 경험이나 사건 기술하기	• 내용, 그림, 사진, 도표 등 설명하기
			• 방법이나 절차 설명하기	• 감상이나 느낌 표현하기
			• 설득하기	• 듣거나 읽은 내용 요약하기
			• 비교·대조하기	• 다양한 매체 정보를 분석·종합하여 재구성하기
			• 다양한 관점에서 정보 비평하기	• 점검하여 고쳐 쓰기
			• 적절한 쓰기 전략 적용하기	

🧪 관련 학과 및 관련 직업

관련 학과	관련 직업
영어문화학과, 영문학과, 영문학부, 영어통번역과, 영미문화학과, 영어학과, 영미어문학과, 영어영문학전공, 영미학과, 영어교육학과, 영어산업학과, 비즈니스영어학과, 영미문학문화학과, 영미언어문화학과, 응용영어통번역학과	관광가이드, 국제회의기획자, 동시통역사, 문화평론가, 번역가, 인문사회계열교수, 인문과학연구원, 언어학자, 외교관, 통역사, 항공기객실승무원, 호텔컨시어지 등

9 실생활 영어 회화

교과(군)	선택과목			평가정보		수능
	일반 선택	진로 선택	융합 선택	성취도	상대평가	
영어			●	5단계	5등급	×

학습자가 다양한 실생활 상황에서 친숙하고 일반적인 주제에 관한 영어를 듣고 이해하며, 자신의 생각이나 의견 또는 감정을 표현하여 의사소통 목적을 달성할 수 있도록 영어 듣기·말하기 능력을 향상하는 데 중점을 둔 과목이다.

이 과목은 학습자가 실생활에서 경험할 수 있는 주제 및 상황을 다양하게 구성하여 영어 의사소통 능력을 실생활에 적용하도록 한다. 학습자는 실생활과 관련된 여러 상황에 적극적으로 참여하여 적절하고 효과적으로 의사소통하는 경험을 통해 실수를 두려워하지 않고 영어 듣기·말하기에 대한 자신감을 기른다.

목표

◆ 실생활에서 상황이나 목적에 맞게 영어로 의사소통한다.
◆ 영어 듣기·말하기에 대한 흥미와 자신감을 가지고 적절한 매체와 전략을 활용하여 효과적으로 의사소통한다.
◆ 존중과 배려의 자세로 의사소통 과정에 협력적으로 참여하고 타 언어와 문화에 대해 포용적 태도를 기른다.
◆ 실수를 두려워하지 않고 의사소통 과정에 적극적으로 참여하는 경험을 통해 영어 듣기·말하기에 대한 자신감을 함양한다.

내용 체계

범주		내용요소	
지식·이해	언어	• 다양한 단어나 어구, 억양, 리듬, 문장 강세	
		• 다양한 구조의 문장, 관용적 표현	• 비언어적 단서
		• 실생활 관련 이야기	• 대인 관계 유지 목적의 담화
		• 사실이나 정보 전달	• 교환 목적의 담화
	맥락	• 실생활 관련 친숙한 주제	
		• 대인 관계와 사회생활에 관한 일반적 주제	• 언어 예절
과정·기능		• 상대방의 말을 듣고 주제, 요지, 세부 정보 등의 핵심 정보 파악하기	
		• 화자의 의도나 목적 추론하기	• 자신이나 주변 사람 또는 사물 소개하기
		• 자신의 의견이나 감정 표현하기	
		• 경험이나 사건 또는 간단한 시각 자료 묘사하기	• 방법이나 절차 설명하기
		• 상황이나 목적에 맞게 대화 이어 가기	
		• 상황이나 목적에 맞게 언어적·비언어적 표현을 사용하여 반응하기	
		• 상황, 목적, 대상을 고려하여 적절한 전략 적용하기	

관련 학과 및 관련 직업

관련 학과

관광학부, 국제학부, 국제관계학과, 국제무역학과, 국제통상학과, 글로벌커뮤니케이션학과, 글로벌관광학과, 글로벌무역학과, 글로벌비지니스학과, 실용영어학과, 영미어문학과, 영어통번역과

관련 직업

국제회의기획자, 관광가이드, 국제통상전문가, 번역가, 아나운서, 외국어학원강사, 외교관, 통번역가, 통역사, 특파원, 항공기객실승무원, 호텔컨시어지, 해외영업원 등

10 미디어 영어

교과(군)	선택과목			평가정보		수능
영어	일반 선택	진로 선택	융합 선택	성취도	상대평가	×
			●	5단계	5등급	

'미디어 영어'는 다양한 유형의 미디어에서 영어로 접하게 되는 주제를 학습자가 이해하고 창의적으로 활용하는 데 필요한 영어 의사소통 능력을 함양하며, 주체적인 의사소통을 위해 다양한 미디어를 통해 얻게 되는 정보에 대해 분석·평가하는 능력을 향상함으로써 창의적·비판적 사고 능력을 기르기 위한 과목이다.
'미디어 영어'는 음성 언어와 문자 언어의 구분을 넘어 문자, 음성, 이미지, 동영상 등 여러 유형의 자료를 이해하고 이를 융합적으로 사용하는 미디어 리터러시를 향상하여 영어 의사소통의 범위를 확장하는 동시에 그 효과를 증진하고자 한다.

목표

◆ 다양한 미디어 형태의 문화 콘텐츠를 감상함으로써 미디어 영어에 대한 흥미와 심미적 감수성을 확장한다.
◆ 다양한 미디어 플랫폼에서 목적과 상황에 맞게 영어 사용자와 상호 작용할 수 있는 언어 능력과 자신감을 기른다.
◆ 자신의 느낌과 생각을 테크놀로지 융합을 통해 창의적으로 영어를 사용하여 전달할 수 있는 미디어 콘텐츠 제작 능력을 기른다.
◆ 정보 윤리를 지키면서 미디어상의 정보를 안전하게 처리하고 공유하는 방법을 익힌다.

내용 체계

범주		내용요소
지식·이해	언어	• 다양한 단어나 어구, 또는 문장 • 미디어의 정보 전달 구조 • 다양한 미디어와 관련된 용어나 표현<hr>• 책, 신문, 잡지, 만화 • 방송, 드라마, 영화, 팝송 • 인터넷, 소셜 미디어, 원격 플랫폼, 동영상 플랫폼, 게임과 웹툰, 가상·증강·혼합 현실 미디어 등
	맥락	• 사회 전반의 다양한 주제(정치, 경제, 사회, 과학, 문화, 예술 등) • 다양한 유형의 미디어 • 영어 미디어 활용 방식(영어 이모티콘, 글로벌 검색 엔진, 워드 클라우드, 사회 관계망 서비스(SNS), 짧은 영어 표현, 영어 오류 수정을 위한 디지털 도구 등)
과정·기능		• 영어 검색 엔진을 활용하여 정보 검색하기 • 미디어를 활용하여 협업하기 • 미디어상의 영어로 표현된 정보를 요약하거나 재구성하기 • 미디어상의 영어로 표현된 정보를 검색, 선정, 비교 및 분석하기 • 목적이나 대상에 적합한 미디어를 활용하여 의견이나 정보 공유하기 • 미디어 도구를 활용하여 콘텐츠 제작하기 • 시청각 단서를 활용하여 다양하게 표현하기 • 미디어로 제시된 작품을 감상하고 평가하기 • 디지털 도구를 활용하여 오류 수정하기

관련 학과 및 관련 직업

관련 학과	관련 직업
비즈니스영어학과, 영어문화학과, 영문학과, 영문학부, 영어통번역과, 영미문화학과, 영어학과, 영미어문학과, 영어영문학전공, 영미학과, 영어산업학과, 영미문학문화학과, 영미언어문화학과, 응용영어통번역학과 등	관광가이드, 국제기구공무원, 국제통상전문가, 국제회의 기획자, 기자, 동시통역사, 방송연출가, 번역가, 아나운서, 외교관, 외국어학원강사, 작가, 호텔컨시어지, 출판물기획자, 통역사, 특파원, 해외무역원 등

11 세계 문화와 영어

교과(군)	선택과목			평가정보		수능
	일반 선택	진로 선택	융합 선택	성취도	상대평가	
영어			●	5단계	5등급	×

세계 영어(World Englishes)를 통해 나타나는 다양하고 흥미로운 문화 현상과 문화적 산물을 이해하고 자신의 문화적 관점을 창의적으로 표현하며 서로 다른 사고와 문화를 존중하는 열린 가치관을 바탕으로 세계인과 소통하기 위한 과목이다.

'세계 문화와 영어'는 글로벌 다문화 시대에 영어권 국가는 물론, 전 세계 사람들과 영어를 공통어로 소통하고 교류하기 위한 역량의 함양을 목표로 한다. 전 세계의 다양한 문화 정보와 문화적 산물을 탐구하며 문화 관련 지식과 의사소통 능력을 향상한다.

🌱 목표

◆ 영어로 표현된 다양한 문화 정보를 습득하고 문화적 산물을 감상하여 문화 감수성을 기르고 인간과 세계에 대한 관심과 이해를 증진한다.
◆ 다양한 형태의 세계 영어와 이에 담긴 문화를 학습함으로써 세계의 영어 사용자와 효과적으로 소통하고 긴밀하게 협력한다.
◆ 우리 문화와 타 문화에 대한 생각을 창의적으로 표현하고 이를 상황과 목적에 맞게 영어로 공유한다.
◆ 세계 각 문화의 고유성과 가치에 대한 존중을 바탕으로 협력과 소통의 가치를 인정하는 세계시민으로서의 소양을 갖추어, 다양한 언어·문화적 배경을 지닌 사람들과 효과적으로 소통한다.

📖 내용 체계

범주		내용요소
지식·이해	언어	• 문화의 정의 및 속성, 문화 관련 주요 개념 • 세계 영어(World Englishes)의 의의, 종류, 특성　• 세계 문화 관련 어휘 및 표현 • 인쇄물: 책, 신문, 잡지, 만화, 광고, 문서나 기록물, 전단지나 안내 책자, 대본 등 • 공연물: 라디오나 텔레비전 프로그램, 영화, 뮤지컬, 노래 등 • 인터넷 자료: 이메일, 웹사이트, 사회 관계망 서비스(SNS), 동영상 플랫폼, 웹툰 등
	맥락	• 세계 문화에 관한 다양한 주제(의식주, 명절과 축제, 종교, 언어, 문학, 음악, 예술, 대중문화, 여행 및 관광지, 건축물, 전통, 지리, 역사, 인물, 스포츠, 관혼상제 등) • 다양한 문화권의 관습, 규범, 가치, 사고방식, 행동 양식, 의사소통 방식 • 다양한 장르와 매체의 문화 정보와 문화적 산물
과정·기능		• 적절한 전략을 사용하여 정보의 핵심 내용 파악하기 • 새로운 관점으로 문화 현상 설명하기 • 정보나 관점 비교·대조하기 • 문화에 내재된 전제, 관점, 또는 가치관 추론하기 • 상황, 목적, 대상을 고려하여 의사소통에 참여하기 • 검색·수집한 정보를 요약하거나 목적에 맞게 재구성하기 • 다양한 목적의 문화 콘텐츠 제작하여 공유하기 • 여러 문화 현상에서 문화의 보편성과 특수성 파악하기 • 문화적 산물을 감상하고 표현하기

🧪 관련 학과 및 관련 직업

관련 학과	관련 직업
비즈니스영어학과, 영문학과, 영미문화학과, 영어산업학과, 영어과, 영어문화학과, 영미언어문화학과, 영어통번역과, 응용영어콘텐츠학과 등	기자, 관광가이드, 국제특파원, 국제회의기획자, 번역가, 외교관, 인문과학연구원, 작가, 출판물기획자, 통역사, 호텔컨시어지, 해외무역원 등

도덕 교과군

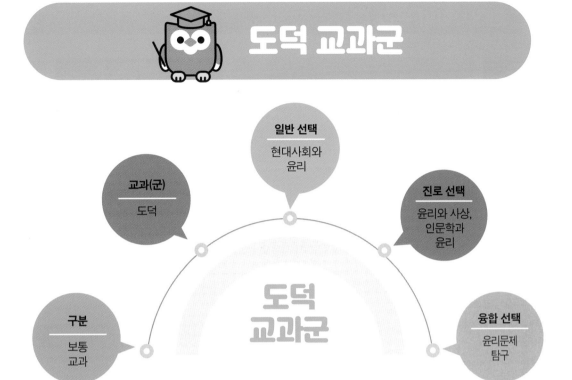

과목명	절대평가		상대평가	통계정보			수능
	원점수	성취도 (5단계)	석차등급 (5등급)	성취도 분포비율	과목평균	수강자수	
일반 선택 현대사회와 윤리	○	A·B·C·D·E	○	○	○	○	×
진로 선택 윤리와 사상	○	A·B·C·D·E	○	○	○	○	×
인문학과 윤리	○	A·B·C·D·E	○	○	○	○	×
융합 선택 윤리문제 탐구	○	A·B·C·D·E	×	○	○	○	×

1 현대사회와 윤리

교과(군)	선택과목			평가정보		수능
도덕	**일반 선택**	**진로 선택**	**융합 선택**	**성취도**	**상대평가**	×
	●			5단계	5등급	

현대사회에서 일어나는 다양한 문제와 쟁점을 윤리적 관점에서 이해하고 합리적으로 해결할 수 있는 도덕적 탐구 능력과 윤리적 성찰 및 실천 능력을 기르기 위한 과목이다. 생명 윤리, 성·가족 윤리, 생태 윤리, 과학기술 윤리, 정보·미디어 윤리, 인공지능 윤리, 직업윤리, 시민 윤리, 문화 윤리, 평화 윤리 등의 다양한 영역에서 발생하는 문제들을 실천윤리학의 관점으로 탐구하고 성찰함으로써 윤리적 사유와 성찰이 일상의 실천으로 이어질 수 있도록 한다.

📖 내용 체계

범주		내용요소	
지식·이해	현대 생활과 윤리	• 인간의 삶과 윤리의 관계 • 실천윤리학과 다양한 윤리적 쟁점 • 동양 윤리의 접근	• 서양 윤리의 접근
	생명윤리와 생태 윤리	• 출생 및 죽음의 의미와 삶의 가치 • 출생 및 죽음과 관련된 윤리적 쟁점 • 사랑과 성의 관계 • 자연을 바라보는 동·서양의 관점 • 환경 문제에 대한 윤리적 쟁점	• 결혼과 가족의 윤리
	과학과 디지털 학습 환경 윤리	• 과학기술의 가치 중립성 논쟁 • 정보사회의 특징과 윤리적 쟁점들 • 뉴미디어 사회의 특징과 윤리적 쟁점들 • 인공지능과 인간의 관계	• 과학기술의 사회적 책임 • 인공지능의 윤리적 쟁점
	민주시민과 윤리	• 직업 생활의 의미 • 직업윤리와 노동에 대한 존중 • 시민과 국가의 관계 • 분배 정의의 의미와 윤리적 쟁점들 • 교정적 정의의 의미와 윤리적 쟁점들	• 시민의 참여와 시민불복종
	문화와 경제생활의 윤리	• 미적 가치와 윤리적 가치 • 의식주 생활과 윤리 • 경제생활에서 발생하는 윤리적 갈등 • 문화 다양성과 존중	• 대중문화의 윤리 문제 • 다문화 윤리의 실천과 노력
	평화와 공존의 윤리	• 사회갈등과 사회통합 • 통일 문제를 둘러싼 쟁점 • 평화를 실현하기 위한 윤리적 가치 • 국제 분쟁의 해결과 방안	• 소통과 담론의 윤리 • 국제 사회에 대한 책임과 기여

🧪 관련 학과 및 관련 직업

관련 학과	관련 직업
고고인류학과, 기독교철학과, 도시사회학과, 정치외교학과, 종교학과, 문화인류학과, 불교문화학과, 상담심리학과, 사회학과, 신학과, 심리학과, 유학·동양학과, 윤리교육과, 인류학과, 철학과, 철학생명의료윤리학과 등	광고 및 홍보전문가, 국제기구공무원, 노무사, 마케팅전문가, 사회복지사, 사회학 연구원, 상담전문가, 소설가, 시인, 심리학 연구원, 윤리학자, 인문학 연구원, 언론인, 작가, 종교인, 중등교사, 철학자 등

2 윤리와 사상

교과(군)	선택과목			평가정보		수능
도덕	일반 선택	진로 선택 ●	융합 선택	성취도 5단계	상대평가 5등급	×

학습자의 삶에서 직면할 수 있는 윤리적 물음을 중심으로 한국 및 동·서양의 윤리사상과 사회사상의 주요 이론과 의미를 체계적으로 학습함으로써 윤리적 탐구와 성찰 및 문제 해결 능력을 기르기 위한 과목이다. 특히 학습자에게 미래사회에서 요구되는 개방적 태도와 다양한 사상 간의 조화와 균형을 지향하는 융합적이고 창의적인 사고 능력을 배양하고, 균형적 관점과 통합적 인격을 갖춘 민주시민 양성에 기여하는 과목이다.

📖 내용 체계

범주	내용요소		
지식·이해	동양 윤리 사상	• 인륜 도덕과 마음의 회복 • 사물의 이치 규명과 주체의 도덕성 회복 • 다투지 않음과 자연 그대로의 삶 • 분별을 잊음과 자유롭게 노니는 삶 • 상호의존적인 세계와 실체가 없는 존재 • 깨달음을 향한 수행과 자비의 실천	• 제도적 규범의 확립
	한국 윤리 사상	• 다양성의 조화와 화쟁사상 • 순수한 도덕본성의 발현 • 내적 깨어있음과 외적 실천 • 본성의 확충과 마음의 주체성	• 선과 교의 통합 노력 • 일상적 감정의 도덕적 조절 • 마음의 생동성과 활동적 이치
	서양 윤리 사상	• 상대주의와 보편윤리 • 쾌락의 추구와 평정심 • 그리스도교와 사랑의 윤리 • 자연법 윤리와 프로테스탄티즘 윤리 • 의무론과 선의지 • 주체적 결단과 문제 해결의 유용성 • 도덕의 기원과 판단에 대한 과학적 설명 • 책임·배려와 윤리적 삶	• 영혼의 조화와 성품의 탁월성 • 금욕과 부동심 • 결과론과 공리
	사회 사상	• 동·서양의 국가관 • 시민적 자유와 사적 삶 • 민주주의의 지향과 대의민주주의 • 참여와 심의를 통한 민주주의 구현 • 자본주의의 원리와 현실	• 국가의 역할과 정당성 • 시민적 덕성과 공동선 • 자본주의의 윤리적 개선과 대안

관련 학과 및 관련 직업

관련 학과	관련 직업
고고인류학과, 기독교철학과, 도시사회학과, 정치외교학과, 종교학과, 문화인류학과, 불교문화학과, 상담심리학과, 사회학과, 신학과, 심리학과, 유학·동양학과, 윤리교육과, 인류학과, 철학과, 철학생명의료윤리학과 등	광고 및 홍보전문가, 국제기구공무원, 노무사, 마케팅전문가, 사회복지사, 사회학 연구원, 상담전문가, 소설가, 시인, 심리학연구원, 윤리학자, 인문학 연구원, 언론인, 작가, 종교인, 중등교사, 철학자 등

3 인문학과 윤리

교과(군)	선택과목			평가정보		수능
	일반 선택	진로 선택	융합 선택	성취도	상대평가	
도덕		●		5단계	5등급	×

'인문학과 윤리'는 고전에 대한 탐구와 성찰을 통해 학생들의 인문학적 소양과 바람직한 인성 및 포용성과 시민성을 길러주기 위한 과목이다.

이 과목에서 학생들은 다양한 고전을 마주함으로써 몸과 마음, 감정 등을 소유한 자기 자신을 이해하고, 타인과 적절한 관계를 맺기 위해 요구되는 우정, 사랑과 배려 등의 가치 및 자유와 평등, 책임, 정의(正義) 등의 의미를 탐구한다. 또한 사회·공동체에서 발생하는 여러 갈등을 해소하기 위해 필요한 의사소통 능력, 다른 관점에 대한 포용성, 디지털 시민성 등을 함양하고, 직업생활이나 자연과의 관계에서 요청되는 소유와 존재의 문제, 지속가능한 삶에 대한 인식, 상생을 위한 실천원칙 등을 고민한다.

📖 내용 체계

범주	내용요소		
지식 · 이해	생활 대상으로서 나	• 몸과 마음에 대한 관찰 • 삶의 주체로서의 나	• 몸과 마음의 통합성 • 고통과 쾌락을 대하는 자세
	타인과 관계 맺기	• 관계 맺기의 어려움 • 의미 있는 타자로서의 친구	• 상호성을 만끽하는 삶 • 사랑과 배려의 삶
	자유와 평등	• 자유와 평등의 의미와 근거 • 책임 있는 삶의 자세 • 능력에 따른 분배와 한계 • 자유롭고 평등한 삶을 위한 정의의 원칙점	
	다양성과 포용성	• 다양한 의견의 발생 원인 • 가상세계와 현실세계의 상호성	• 민주주의 사회와 포용성 • 가상세계에서의 태도
	공존과 지속가능성	• 자아실현과 직업 생활 • 나와 타인의 조화로운 이익 추구 • 기후위기와 지속가능한 삶 • 상생을 위한 실천원칙	
	삶의 의미에 대한 물음	• 불안한 현대사회와 불완전한 인간 • 종교와 윤리적 기준의 관계 • 인생의 유한성 자각 • 삶의 의미를 찾는 과정과 방법	

🧪 관련 학과 및 관련 직업

관련 학과	관련 직업
고고인류학과, 기독교철학과, 도시사회학과, 정치외교학과, 종교학과, 문화인류학과, 불교문화학과, 상담심리학과, 사회학과, 신학과, 심리학과, 유학·동양학과, 윤리교육과, 인류학과, 정치외교학과, 철학과, 철학생명의료윤리학과 등	광고 및 홍보전문가, 국제기구공무원, 노무사, 마케팅전문가, 사회복지사, 사회학 연구원, 상담전문가, 소설가, 시인, 심리학연구원, 윤리학자, 인문학 연구원, 언론인, 작가, 종교인, 중등교사, 철학자 등

4 윤리문제 탐구

교과(군)	선택과목			평가정보		수능
도덕	일반 선택	진로 선택	융합 선택 ●	성취도 5단계	상대평가 ×	×

미래사회로의 변화 과정에서 경험하는 다양한 문제를 윤리적 관점에서 바라보고 합리적 해결 방안을 모색해 보는 과정을 통해, 윤리적 탐구와 성찰 능력을 기르고 이를 토대로 일상의 삶에서 옳고 선한 것을 실천할 수 있는 윤리적 역량을 기르는 과목이다.

'윤리문제 탐구'는 동·서양의 윤리 이론, 사회사상, 최신 도덕 심리학 등의 연구 성과에 기반을 두고 민주시민, 디지털과 인공지능, 생태전환과 관련한 최근의 윤리적 쟁점들을 구체적인 사례 중심으로 탐구할 수 있는 기회를 제공한다.

📖 내용 체계

범주		내용요소
지식 · 이해	윤리문제 탐구의 이해	• 윤리문제의 의미 • 규범적 가치 판단 기준의 다양성 • 윤리문제 탐구의 의미와 중요성　• 윤리문제 탐구 방법
	시민의 삶과 윤리적 탐구	• 행복의 의미와 뇌과학적 설명　• 윤리적 삶과 행복의 관계 • 사생활 보호와 공익 사이의 갈등 • 사생활 보호와 공익 사이의 조화 방안 • 사회적 차별 표현을 바라보는 다양한 관점 • 사회적 차별 표현 문제의 해결 방안 • 배타적 민족주의의 확산과 난민 문제 • 난민 문제의 해결 방안
	인공지능 시대의 삶과 윤리적 탐구	• 메타버스의 특징에 대한 윤리적 탐색 • 메타버스에서의 윤리문제 해결 방안 • 빅데이터와 알고리즘의 편향성 문제 • 사회적 책임과 공정성의 확보 방안 • 인공지능 활용의 윤리적 딜레마 • 인공지능의 바람직한 활용 방안
	생태적 삶과 윤리적 탐구	• 반려동물 관련 윤리문제와 해결 • 동물 복지를 둘러싼 논쟁과 성찰 • 기후위기와 인류의 책임 • 에너지 전환과 탄소 중립을 둘러싼 논쟁과 실천
	윤리문제 탐구의 적용	• 진로와 연계한 윤리문제 선정　• 윤리문제 탐구 계획 수립 • 윤리문제 탐구 활동　• 탐구 결과의 정리와 발표

관련 학과 및 관련 직업

관련 학과	관련 직업
도시사회학과, 문화인류학과, 복지상담학과, 사회복지학과, 사회복지상담학과, 사회심리학과, 사회학과, 상담학과, 상담심리학과, 심리학과, 아동청소년학과, 윤리교육과, 재활상담학과, 정보사회학과, 정치외교학과, 청소년상담교육학과, 청소년상담복지학과, 철학과 등	광고기획자, 광고마케터, 광고 및 홍보 전문가, 마케팅전문가, 방송기자, 브랜드마케터, 사회단체활동가, 사회복지사, 사회학연구원, 상담전문가, 스포츠마케터, 신문기자, 심리학연구원, 아나운서, 언론인, 작가, 저널리스트, 카피라이터, 큐레이터, 철학자 등

사회 교과군

공통 과목
한국사1, 한국사2,
통합사회1,
통합사회2

일반 선택
세계시민과 지리,
세계사,
사회와 문화

교과(군)
사회

진로 선택
한국지리 탐구, 도시의 미래
탐구, 동아시아 역사 기행,
정치, 법과사회, 경제,
국제 관계의 이해

구분
보통
교과

사회 교과군

융합 선택
여행지리, 역사로 탐구하는
현대 세계, 사회문제탐구,
금융과 경제생활,
기후변화와지속가능한
세계

	과목명	절대평가		상대평가	통계정보			수능
		원점수	성취도(5단계)	석차등급(5등급)	성취도분포비율	과목평균	수강자수	
공통 과목	한국사1, 2	○	A·B·C·D·E	○	○	○	○	○
	통합사회1, 2	○	A·B·C·D·E	○	○	○	○	○
일반 선택	세계시민과 지리	○	A·B·C·D·E	○	○	○	○	×
	세계사	○	A·B·C·D·E	○	○	○	○	×
	사회와 문화	○	A·B·C·D·E	○	○	○	○	×
진로 선택	한국지리 탐구	○	A·B·C·D·E	○	○	○	○	×
	도시의 미래 탐구	○	A·B·C·D·E	○	○	○	○	×
	동아시아 역사 기행	○	A·B·C·D·E	○	○	○	○	×
	정치	○	A·B·C·D·E	○	○	○	○	×
	법과 사회	○	A·B·C·D·E	○	○	○	○	×
	경제	○	A·B·C·D·E	○	○	○	○	×
	국제 관계의 이해	○	A·B·C·D·E	○	○	○	○	×
융합 선택	여행지리	○	A·B·C·D·E	×	○	○	○	×
	역사로 탐구하는 현대 세계	○	A·B·C·D·E	×	○	○	○	×
	사회문제 탐구	○	A·B·C·D·E	×	○	○	○	×
	금융과 경제생활	○	A·B·C·D·E	×	○	○	○	×
	기후변화와 지속가능한 세계	○	A·B·C·D·E	×	○	○	○	×

1 세계시민과 지리

교과(군)	선택과목			평가정보		수능
사회	**일반 선택** ●	진로 선택	융합 선택	**성취도** 5단계	**상대평가** 5등급	×

'세계시민과 지리'는 세계화와 지역화의 연계, 인간과 자연의 상호 작용, 에너지 및 환경 문제, 세계 여러 지역의 공간적 차이와 다양한 삶의 모습을 다면적으로 이해하고 지구촌 일원으로서 인류의 공동선과 지속가능한 미래를 위해 행동할 수 있는 태도를 함양하는 과목이다. 여러 국가나 지역들이 자연환경, 경제, 문화, 정치 등의 측면에서 얼마나 다양한 차이를 보이는지 탐색하고, 이러한 차이가 세계 여러 지역에 어떤 영향을 미치는지를 파악할 수 있도록 한다.

목표

◆ 세계 여러 지역의 자연환경 및 인문환경의 다양성과 인간과의 상호 작용을 체계적, 종합적으로 이해한다.

◆ 세계 여러 지역의 경제, 문화, 정치적 요소가 다양한 지리적 스케일에서 역동적으로 창출하는 현상을 해석하고 설명하는 능력을 기른다.

◆ 인간 활동으로 나타나는 기후변화, 환경 문제 등을 생태적 관점으로 탐구하고 지속가능한 대안 마련을 위해 적극적으로 의견을 개진할 수 있는 능력과 태도를 기른다.

내용 체계

범주		내용 요소
지식 · 이해	세계시민, 세계화와 지역 이해	• 세계화와 세계시민 • 지역 변화의 역동성 • 지리 정보와 지리정보기술의 활용
	모자이크 세계, 세계의 다양한 자연환경과 문화	• 다양한 기후와 인간 생활 • 지형과 인간 생활 및 지형의 지속가능한 이용 • 세계 주요 종교 경관 • 다양한 음식과 축제의 지리적 의미
	네트워크 세계, 세계의 인구와 경제 공간	• 인구 분포 및 구조, 국제적 이주의 영향 • 식량 자원의 생산과 소비 • 글로벌 경제와 공간적 불균등
	지속가능한 세계, 세계의 환경 문제와 평화	• 세계의 에너지 문제와 대안 • 세계의 환경 문제와 생태전환적 삶 • 지정학적 분쟁과 평화를 위한 노력
과정·기능		• 지역적, 국가적, 세계적 규모에서의 쟁점을 탐색하고 탐구 주제 선정하기 • 유용한 지리 정보를 수집하고, 수집된 정보의 타당성, 신뢰성, 최신성 판단하기 • 수집된 자료에서 요점과 핵심 아이디어를 도출 • 지리정보기술과 지역 조사를 바탕으로 지리적 문제에 대한 해결 방안 도출하기 • 제시된 방안을 분석, 비교, 평가하여 효과적인 전략 선택하기 • 글, 시각화, 디지털 미디어 등 다양한 방식을 활용하여 의사소통하기

관련 학과 및 관련 직업

관련 학과	관련 직업
건축학과, 경제학과, 공간정보공학과, 교통공학과, 국제지역학과, 군사학과, 기상학과, 도시공학과, 도시계획학과, 무역학과, 부동산학과, 신문방송학과, 스마트시티공학과, 지리학과, 지리교육학과, 지적학과, 천문대기학과, 환경공학과, 항공학과 등	GIS 전문가, 감정평가사, 광고기획자, 국제 개발 협력 전문가, 국제 분쟁 전문가, 군사전문가, 기상캐스터, 도시계획가, 도시재생전문가, 무역전문가, 문화 콘텐츠 개발자, 언론인, 외교관, 여행상품개발자 여행 작가, 지리 교사, 지리학자, 환경연구원 등

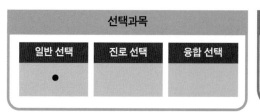

2 세계사

교과(군)	선택과목			평가정보		수능
사회	**일반 선택** ●	**진로 선택**	**융합 선택**	**성취도** 5단계	**상대평가** 5등급	×

인류가 출현한 시기부터 오늘날까지 인류가 걸어온 발자취를 탐구하는 과목이다. '세계사'를 통해 학습자는 자료의 분석·해석 과정에서 탐구 능력을 기르고 역사 지식을 형성하며, 역사 해석의 다양성과 역사의 논쟁성을 인식하고 타자를 이해하려는 태도를 함양한다. 또한 학습자는 각 지역 세계의 역사적 맥락을 이해하면서 문화 다양성을 존중하는 태도를 지니며, 현대 세계의 과제를 이해하고 해결하기 위한 통찰력을 갖춘다.

🌱 목표

◆ 지역 세계의 형성 및 변화, 지역 세계 간 상호 관련성을 파악한다.
◆ 인권, 평화, 민주주의, 생태환경의 가치가 역사적 구성물임을 이해한다.
◆ 자료의 분석·해석을 통해 능동적으로 세계사 인식을 형성한다.
◆ 다양한 시기와 지역의 역사를 열린 자세로 이해하고 세계시민 의식을 함양한다.

📖 내용 체계

범주		내용 요소
지식·이해	지역 세계의 형성	• 현생 인류와 문명의 형성 • 동아시아, 인도 세계의 문화와 종교·사상 • 서아시아, 지중해, 유럽 세계의 문화와 종교
	교역망의 확대	• 이슬람 세계와 몽골 제국 • 유럽의 신항로 개척과 재정 • 군사 국가 • 세계적 상품 교역
	국민 국가의 형성	• 청, 무굴 제국, 오스만 제국 • 미국 혁명과 프랑스 혁명 • 산업 혁명과 제국주의 • 국민 국가 건설 운동
	현대 세계의 과제	• 제1, 2차 세계 대전　　• 냉전 • 지구적 과제와 인류의 노력
과정·기능		• 다양한 형태의 역사 자료를 분석·해석하기 • 증거에 기반하여 역사적 맥락을 파악하기 • 역사적 개념을 이해하고 활용하기 • 역사적 서사를 구성하여 표현하기

관련 학과 및 관련 직업

관련 학과	관련 직업
고고미술사학과, 건축학과, 경영학과, 경제학과, 국제학부, 국제관계학과, 국제무역학과, 군사학과, 문헌정보학과, 사회학과, 사학과, 신문방송학과, 역사학과, 역사교육과, 언론정보학과, 연극영화학과, 인류학과, 정치국제학과, 정치외교학과, 행정학과 등	경영컨설턴트, 국제개발협력전문가, 국제회의전문가, 기자, 마케팅전문가, 무역사무원, 방송연출가, 사회과학연구원, 시민단체활동가, 인문학연구원, 역사학자, 언론인, 외환 딜러, 여행가이드, 외교관, 정치가, 직업군인, 중등교사, 콘텐츠 크리에이터 등

3 사회와 문화

교과(군)	선택과목			평가정보		수능
사회	**일반 선택** ●	**진로 선택**	**융합 선택**	**성취도** 5단계	**상대평가** 5등급	×

개인이 다양한 관점과 문화를 가진 타인들과 지속적으로 상호 작용하며 살아가는 사회적 존재이며, 사회 구조의 영향을 받는 존재임과 동시에 사회를 변화시키는 주체라는 사실을 인식하고 민주시민으로서 사회에 참여하는 데 필요한 역량을 함양하기 위해 개설된 과목이다.

목표

◆ 사회현상에 대한 연구 계획을 설계하고 수행하는 과정에서 자료를 수집하고 분석하며, 수집한 정보를 비판적으로 평가하고 의사 결정에 능동적으로 활용할 수 있다.
◆ 사회현상을 바라보는 다양한 관점을 이해하고, 관점의 차이에 대한 존중을 바탕으로 의사소통 수 있다.
◆ 세계시민으로서 상대주의적 관점에서 문화의 차이를 이해하고 문화 다양성을 존중하는 태도를 가진다.

내용 체계

범주		내용 요소
지식·이해	사회현상의 이해와 탐구	• 사회현상의 특징, 사회학적 상상력, 사회현상을 이해하는 관점 • 양적 연구 방법과 질적 연구 방법의 특징 및 연구 절차 • 다양한 자료 수집 방법 • 사회현상의 탐구, 연구자의 가치중립과 연구 윤리
	사회 구조와 사회 변동	• 사회 구조와 사회화, 사회화에 대한 관점　• 사회 집단과 사회 조직의 유형 및 변화 • 일탈 행동과 일탈 이론, 사회 통제의 유형 • 사회 변동 요인과 현대 사회의 변동 양상, 사회 운동의 유형과 특징
	일상 문화와 문화 변동	• 대중문화를 바라보는 관점　• 미디어 효과 이론, 미디어 메시지의 분석과 생산 • 주류 문화와 하위문화, 이주민 문화에 대한 관점, 다문화 사회와 문화 다양성 • 문화 변동의 다양한 요인과 양상, 문화의 세계
	사회 불평등과 사회 복지	• 사회 불평등 현상을 이해하는 관점, 사회 이동과 사회 계층 구조의 유형 및 특징 • 다양한 사회 불평등 양상과 해결 방안 • 복지 국가의 발전 과정, 사회 복지 제도의 유형과 특징, 현대 사회의 복지 관련 쟁점
과정·기능		• 다양한 이론과 관점의 특징 비교하기 • 다양한 방법을 활용하여 사회현상의 탐구에 필요한 자료 수집하기 • 다양한 출처에서 수집한 자료를 비판적으로 분석하기 • 다양한 견해와 입장을 비판적으로 평가하기 • 수집한 자료와 정보를 토대로 타당한 결론 도출하기

 관련 학과 및 관련 직업

관련 학과	관련 직업
경찰행정학과, 교육학과, 도시사회학과, 문화인류학과, 문화콘텐츠학과, 미디어커뮤니케이션학과, 미디어학과, 사회교육학과, 사회복지학과, 사회학과, 신문방송학과, 언론정보학과, 정보사회학과, 청소년지도학과, 통계학과, 행정학과 등	경찰관, 국회의원, 공무원, 기자, 데이터마이너, 문화 콘텐츠 전문가, 사회교사, 사회계열교수, 사회복지사, 사회과학연구원, 아나운서, 여론조사 전문가, 청소년지도사, 통계학연구원, 행정학연구원 등

4 한국지리 탐구

교과(군)	선택과목			평가정보		수능
사회	**일반 선택**	**진로 선택** ●	**융합 선택**	**성취도** 5단계	**상대평가** 5등급	×

> 국토환경 및 지역의 지리적 이슈와 쟁점을 깊이 있게 이해하고, 주요 문제에 대해 책임감 있게 대처할 수 있는 시민으로서의 자질과 역량 함양을 목적으로 개설된 지리 영역의 진로 선택 과목이다. 지리학, 지역학 분야뿐 아니라 정치, 외교, 경제·경영, 행정 등 사회과학과 환경과학, 건축, 도시 계획, 에너지와 방재 분야의 진로를 대비할 수 있다.

목표

◆ 지리적 개념과 관점을 활용해 국토의 변화와 지역의 특징을 이해한다.
◆ 탐구계획 수립, 야외조사 및 지리정보기술을 활용한 데이터 수집, 결과의 도출과 의사소통, 탐구 과정의 성찰 등 지리탐구에 필요한 능력을 기른다.
◆ 국토환경의 지속가능하고 균형적인 발전을 위해 필요한 로컬 시민성, 다문화 시민성, 생태 시민성을 함양한다.
◆ 우리나라 및 지역이 당면한 주요 문제에 관심을 갖고, 이를 해결하려는 태도를 기른다.
◆ 국토의 의미와 가치를 알고, 자신이 속한 지역에 대한 이해와 소속감을 높인다.

내용 체계

범주		내용 요소
지식 · 이해	공간정보와 지리탐구	• 지리적 질문과 지리탐구 • 데이터, 야외조사와 지리정보기술
	생활 속 지리 탐구	• 식품과 상품사슬 • 관광과 여가, 장소 정체성과 장소마케팅 • 모빌리티와 공유서비스
	국토의 변화와 균형 발전 탐구	• 저출생과 고령화, 외국인 이주자와 다문화 • 지속가능한 농업과 농촌 • 산업구조의 전환과 지역 변화 • 수도권 집중과 지방소멸, 국가균형발전
	환경과 지속 가능성 탐구	• 세계유산과 자연경관 • 환경의 개발과 변화, 보전 • 자연재해, 재난위험 경감 • 탄소중립과 에너지 정책
	동아시아 갈등과 공존 탐구	• 북한의 당면과제와 남북협력 • 경계와 영역, 동아시아 지정학과 평화·공존
과정·기능		• 조사 가능한 질문을 개발하고, 적절한 탐구계획 수립하기 • 야외조사, 공공 및 빅데이터, 지리정보기술을 활용해 데이터 수집하기 • 다양한 방식으로 데이터를 표현하여, 공간적 패턴이나 규칙을 찾고, 여러 관점에서 결과 해석하기 • 위치, 장소, 지역 간 상호관련성, 스케일 간 상호의존성 측면에서 결과 해석하기 • 결과를 토대로 변화를 예측하고, 대안을 제시하며, 실현 가능성을 평가하기

관련 학과 및 관련 직업

관련 학과
건축학과, 관광학과, 경제학과, 경영학과, 공간정보공학과, 교통공학과, 도시계획학과, 도시공학과, 문화콘텐츠학과, 부동산학과, 사회복지학과, 조경학과, 지리학과, 지리교육과, 지적학과, 통계학과, 행정학과, 환경공학과 등

관련 직업
건축가, 공간정보데이터분석가, 교통공학기술자, 기후변화전문가, 도시공학기술자, 도시계획가, 부동산정책전문가, 사회복지사, 여행가이드, 여행상품개발자, 지리교사, 지리학연구원, 조경기술자, 통계학자, 환경공학기술자, 행정학연구원 등

5 도시의 미래 탐구

교과(군)	선택과목			평가정보		수능
사회	일반 선택	진로 선택 ●	융합 선택	성취도 5단계	상대평가 5등급	×

도시에 대한 지리적 이해를 바탕으로 하여 세계 여러 도시의 역동적인 변화를 탐색하고, 도시 문제에 대한 사회과학적 분석과 인문학적 성찰을 통해 더 나은 도시의 미래를 만들어가기 위한 과목이다. '지리학', '지역학', '도시사회학', '부동산학', '환경학', '도시 계획학', '도시행정학', '도시공학', '교통공학', '건축학' 등의 다양한 진로 및 직업과 연관된 내용으로 구성되어 있어 학생들이 진로를 탐색하는 데에도 도움이 될 수 있다.

🌱 목표

◆ 도시의 의미와 도시에서의 삶을 종합적으로 이해하고 살기 좋은 도시에 대한 다양한 관점을 파악한다.
◆ 세계 여러 도시의 변화 과정을 문화·소비·기술 발달 등의 관점에서 파악하고, 도시의 경관에 나타나는 도시의 복합적인 특성을 탐구한다.
◆ 지리 정보를 수집·분석하고 시각화하여 효과적으로 의사소통하는 탐구과정을 통해 도시 문제와 공간 불평등을 이해하고, 공간 정의를 실현하기 위한 대안을 비판적으로 모색한다.
◆ 도시의 지속가능성과 회복력을 높이기 위한 도시 계획과 도시 혁신의 필요성을 이해하고, 인간과 비인간의 상호연계성을 인식하며 공존을 위한 방안을 실천한다.

📖 내용 체계

범주		내용 요소
지식·이해	삶의 공간, 도시	• 도시의 의미와 도시적 생활양식 • 도시의 발달과 도시의 유형 • 살기 좋은 도시에 대한 다양한 관점
	변화하는 도시	• 도시 체계와 도시 공간 구조 • 도시 브랜딩과 건축 • 도시 경제와 소비 • 첨단 산업 및 모빌리티의 발달과 스마트 도시
	도시 문제와 공간 정의	• 도시의 환경 문제와 재난 • 도시의 부동산과 주거 문제 • 이주에 따른 도시 인구 구성과 도시 공간의 다양화
	도시의 미래	• 지속가능성과 회복력을 높이는 도시 계획과 도시 혁신 • 도시의 공공성과 도시 민주주의
과정·기능		• 도시를 둘러싼 지리적 쟁점을 탐구하기 위한 다양한 지리적 질문을 제시하고 탐구 계획 세우기 • 야외조사, 지리정보기술, 빅데이터 등의 방법을 활용하여 지리적 탐구에 필요한 유용한 지리 정보를 수집하고 분석하기 • 수집한 자료를 비판적으로 검토하고 취사선택하기 • 다양한 자료를 가공하여 지리 정보로 제작한 후, 이를 활용하여 소통하고 공간적 의사 결정하기 • 도시에 대한 지리적 이해를 바탕으로 하여 살기 좋은 도시의 미래를 설계하기

관련 학과 및 관련 직업

관련 학과	관련 직업
건축학과, 건설환경공학과, 건축공학과, 공간정보공학과, 교통공학과, 도시계획학과, 도시공학과, 도시행정학과, 부동산학과, 지리학과, 지리교육과, 지적학과, 토목공학과, 토목환경공학과, 통계학과, 환경공학과, 행정학과 등	감정평가사, 건축가, 공간정보데이터분석가, 교통공학기술자, 도시계획가, 도시공학기술자, 도시재생전문가, 마케팅전문가, 부동산정책전문가, 부동산중개인, 스마트 도시 전문가, 지리교사, 토목공학기술자, 환경컨설턴트, 환경공학기술자 등

6 동아시아 역사 기행

교과(군)	선택과목			평가정보		수능
사회	일반 선택	진로 선택 ●	융합 선택	성취도 5단계	상대평가 5등급	×

'동아시아 역사 기행'은 동아시아의 생태환경과 이를 바탕으로 전개된 인간 활동, 그 결과로 남겨진 유·무형의 문화유산 등을 학습하며, 현재 동아시아 각 지역 간의 관계를 파악하고 자신의 진로를 탐색하는 과목이다.
이 과목에서는 동아시아의 각 지역이 독자성을 갖고 과거부터 지속적인 교류를 통해 유기적인 관계를 맺으며 현재의 동아시아를 형성해왔음을 이해한다. 학습자는 탐구 능력과 역사 지식, 역사 해석의 다양성과 역사의 논쟁성을 인식하고 현존하는 생태환경 위기를 극복하기 위해 역사적 주체로서 참여하는 시민으로 성장한다.

🌱 목표

◆ 유·무형의 문화유산 및 역사 현장을 탐구하여 역사적 가치를 인식한다.
◆ 동아시아 지역의 특징을 역사적 맥락에서 파악하고, 세계와의 연관 속에서 이해한다.
◆ 역사 자료의 분석과 해석을 통해 동아시아 역사의 특징을 추론한다.
◆ 동아시아 역사와 문화의 다양성을 탐구하고 타자를 이해하며 존중하는 태도를 갖는다.
◆ 현존하는 동아시아의 문제 해결 방안과 지속가능한 발전을 모색하는 시민의 자질을 갖춘다.
◆ 동아시아의 주요 현안을 심층적으로 이해함으로써 동아시아의 정치, 외교, 경제, 통상, 문화, 기후 환경 및 생태 관련 분야의 전문가로 성장하는 토대로 삼는다.

📖 내용 체계

범주		내용 요소
지식·이해	동아시아로 떠나는 역사 기행	• 역사 기행을 통한 동아시아 역사 탐구의 이해 • 동아시아의 생태환경과 동아시아 사람들의 생활
	교류와 갈등의 현장에서 만난 역사	• 동아시아 지역 간 교류의 시작 • 종교와 사상을 중심으로 한 지역 간 교류 • 몽골의 팽창과 17세기 전후 동아시아 전쟁 • 동아시아 지역 내외 교류 양상의 다양화
	침략과 저항의 현장에서 만난 역사	• 동아시아 지역에서 전개된 제국주의 침략 전쟁 • 아시아·태평양 전쟁과 반제·반전을 위한 저항과 연대 • 침략과 전쟁 및 식민 지배로 인한 생태환경 변화
	평화와 공존의 현장에서 만난 역사	• 냉전 시기 동아시아의 전쟁과 정치·사회적 변화 • 지역 간 경제와 문화 교류 및 다문화 사회화 • 상호 공존의 지역 질서 형성을 위한 연대와 참여
과정·기능		• 동아시아 각국의 역사적 장소와 문화유산에 대해 탐구하기 • 자료의 선택 및 분석과 해석을 통해 동아시아 지역의 특징 추론하기 • 동아시아 관련 탐구 과제에 대해 협업을 통해 결과물 도출하기

관련 학과 및 관련 직업

관련 학과	관련 직업
고고학과, 국제관계학과, 국제학과, 고고미술사학과, 관광학과, 군사학과, 동양사학과, 사학과, 사회학과, 신문방송학과, 역사학과, 역사교육과, 일어일문학과, 중어중문학과, 정치외교학과 등	고고학자, 공인노무사, 공무원, 교사, 국제회의전문가, 국제기구 직원, 국회의원, 기자, 사회과학 연구원, 사회학자, 시민단체활동가, 역사학자, 언론인, 인문학연구원, 외교관, 크리에이터 등

7 정치

교과(군)	선택과목			평가정보		수능
사회	일반 선택	진로 선택 ●	융합 선택	성취도 5단계	상대평가 5등급	×

'정치'는 현대 민주주의 사회의 공동체 구성원에게 요구되는 시민 역량과 일상생활의 정치 생활에 능동적으로 참여하는 민주시민의 자질을 함양하기 위해 개설된 일반사회 영역의 진로 선택 과목이다. 정치를 학습하는 과정에서 학생들은 정치과정에 능동적으로 참여하여 공동체의 발전에 이바지하고 나아가 세계시민으로서 국경을 초월하는 문제의 해결에 관심을 가지고 적극적으로 참여하는 태도를 함양한다.

목표

◆ 어느 사회에서나 공동체 유지를 위해 정치가 필요함을 이해하고 정치 공동체의 운영 원리인 민주주의의 의미를 내면화하여 공동체의 의사 결정 과정에 필요한 다수결의 원칙을 비롯한 소수 의견 존중, 대화와 타협, 숙의와 토론 등의 태도를 갖춘다.

◆ 민주 정치의 본질은 주권자인 시민이 선거 등 다양한 방법으로 정치과정에 참여하는 것임을 이해하고, 권리와 의무를 지닌 시민으로서 정치적 의사 결정 과정에 자유와 공공선의 균형을 유지하며 참여하는 태도를 갖춘다.

◆ 민주 국가의 권력 분립의 원리에서 나타난 다양한 정부 형태와 우리나라 정부 형태의 특징을 비교하여 이해하고 각 정부 형태가 국가 권력 간의 견제와 균형의 원리를 바탕으로 민주 정치의 원리를 어떻게 실현하고자 노력하는지 평가하는 자세를 갖는다.

◆ 국제 관계에서 발생하는 갈등과 협력의 원천을 서로 다른 관점으로 설명하고 세계시민으로서 공동체 의식을 갖고 전 지구적 갈등을 해결하기 위해 적극적으로 참여하는 자세를 갖는다.

내용 체계

범주		내용 요소
지식·이해	시민 생활과 정치	• 정치의 필요성, 일상생활과 정치　• 민주주의의 이념과 원리 • 다양한 민주주의의 모델　• 민주 정치의 발전
	정치과정과 참여	• 민주시민의 권리와 의무　• 정당과 민주 정치 • 선거　• 미디어와 시민 참여
	민주 국가의 정부 형태	• 국가 권력의 구성 원리　• 입법부, 행정부, 사법부 • 대통령제와 의원 내각제　• 우리나라의 정부 형태 • 지방 자치
	국제 사회와 정치	• 국제 사회의 갈등과 협력, 현실주의, 자유주의 • 국제 문제와 국제기구　• 평화와 지속가능한 발전 • 전 지구적 문제와 세계시민의 역할

관련 학과 및 관련 직업

관련 학과	관련 직업
공공인재학부, 공공인재법학과, 공공행정학과, 공공정책학과, 국제관계학과, 법학과, 사회교육과, 신문방송학과, 언론정보학과, 정치국제학과, 정치행정학과, 정치학과, 자치행정학과, 통일안보학과, 행정정책학과, 행정학과 등	검사, 국제공무원, 국제개발전문가, 국제회의전문가, 국제범죄전문가, 국회의원, 방송기자, 법무사, 법률사무원, 변호사, 신문기자, 사회교사, 사회단체활동가, 외교관, 정치인, 정치학연구원, 정치학자, 판사, 행정공무원 등

8 법과 사회

교과(군)	선택과목			평가정보		수능
사회	일반 선택	진로 선택 ●	융합 선택	성취도 5단계	상대평가 5등급	×

민주주의와 법치주의, 복지국가를 지향하는 우리나라에서 법에 대해 이해하고 능동적인 사회 구성원으로서 민주시민의 자질을 함양하기 위해 개설되었으며, 학생들에게 법 관련 분야의 진로 탐색에 도움을 주는 일반사회 영역의 진로 선택 과목이다.

🌱 목표

◆ 개인과 개인 간의 법(률)관계에 적용되는 사법(私法)의 일반원칙인 사적 자치의 원칙을 이해한다.
◆ 민주주의와 법치주의의 의미와 양자의 관계, 국가 운영 원리를 이해하고 민주적 법체계와 절차를 존중하는 태도를 가진다.
◆ 헌법의 의의와 기본권의 내용을 이해하고 일상생활 속에서 다양한 문제를 해결할 수 있는 비판적 사고력, 정보 활용 능력, 문제 해결력, 의사 결정력 등을 기른다.
◆ 사회생활에 있어서 건전한 시민 의식과 법적 사고력을 기르고 문제를 해결하기 위해 능동적으로 참여하는 자세를 갖는다.
◆ 법적 문제를 해결하는 데 필요한 법, 조약, 판례, 입법자료 등을 찾는 정보 활용 능력을 길러 개인과 사회가 당면한 문제를 법적으로 해결하려는 자세를 갖는다.

📖 내용 체계

범주		내용 요소
지식 · 이해	개인 생활과 법	• 혼인, 출생, 상속 • 계약, 불법행위 • 부동산, 동산 • 권리와 의무
	국가 생활과 법	• 민주주의, 법치주의 • 헌법의 기본 원리 • 기본권 내용, 제한 요건, 한계 • 형법, 죄형 법정주의 • 범죄의 성립 요건, 형벌의 종류, 형사 절차 • 법원, 헌법재판소
	사회 생활과 법	• 근로자의 권리 • 사회보장법 • 경제법 • 현대적 법(률)관계 • 지적 재산권
	학교 생활과 법	• 학생과 청소년의 법적 지위 • 학교폭력 • 법, 조약, 판례, 입법자료
과정·기능		• 일상생활에서 개인 간의 법(률)관계 파악하기 • 법, 조약, 판례, 입법자료 등 법과 관련된 자료 수집 방법 파악하기 • 현대 사회의 문제에 대한 기존의 법 개선 방안 탐색하기 • 학교생활에서 발생하는 다양한 법적 문제를 발견하고 분석하기 • 국가기관의 조직과 운영 원리 분석하기 • 사회현상에서 법적 쟁점에 대한 정보를 수집·분석하여 활용하기 • 법적 쟁점에 대해 법적 근거를 바탕으로 다양한 관점에서 의사소통하기 • 법적 쟁점이 있는 문제를 법적 근거를 바탕으로 해결하기 • 법적 분쟁을 체계적으로 분석·평가하기

🧪 관련 학과 및 관련 직업

관련 학과	관련 직업
경찰행정학과, 경찰학과, 공공인재학부, 공공행정학과, 교육학과, 법무행정학과, 법학과, 사회복지학과, 사회학과, 사회교육과, 세무학과, 세무회계학과, 자유전공학부, 정치외교학과, 행정학과, 회계세무학과, 회계학과 등	감정평가사, 경찰관, 공무원, 교도관, 국회의원, 관세사, 노무사, 검사, 부동산중개인, 변호사, 법률사무원, 법무사, 변리사, 사회교사, 사회복지사, 손해사정사, 시민단체활동가, 세무사, 판사, 청소년지도사, 회계사 등

9 경제

교과(군)	선택과목			평가정보		수능
사회	일반 선택	진로 선택 ●	융합 선택	성취도 5단계	상대평가 5등급	×

'경제'는 경제생활에서 요구되는 경제적 사고력과 경제 문제 해결력을 기르기 위해 개설된 일반사회 영역의 진로 선택 과목이다. 경제는 학생들이 체계적인 경제 지식과 사고력 및 가치관을 바탕으로 개인적, 사회적 차원에서 합리적이며 책임 있게 경제적 역할을 수행할 수 있는 민주시민의 자질 함양을 추구한다. 경제 과목에서는 경제학의 기본 원리와 이론 체계를 이해하고, 현실의 경제 문제를 사회현상의 전체적 맥락에서 합리적으로 해결하는 기준과 방법을 모색하며, 경제 환경의 변화와 이에 대한 대응 방향을 탐색한다.

🌱 목표

◆ 경제 현상에 대한 체계적인 지식을 활용하여 경제의 작동 원리를 이해하고, 경제 현상에 내재된 인과 관계를 설명하며, 미래의 경제 변동을 전망하여 창의적으로 대응할 수 있도록 한다.
◆ 국내외 경제사회 정보를 수집, 분석, 평가하여 개인과 공공의 경제 문제 해결을 위한 합리적인 의사 결정에 활용하고, 능동적으로 사회에 참여할 수 있는 능력을 함양한다.
◆ 경제 주체로서 갖추어야 하는 가치 및 태도를 바탕으로 개인 생활과 국가 경제 발전에 이바지할 수 있도록 한다.

📖 내용 체계

범주		내용 요소
지식·이해	경제학과 경제 문제	• 경제학과 경제의 기본 문제　• 합리적 선택　• 경제학적 사고방식
	미시 경제	• 시장의 수요와 공급　• 공공 부문의 조세와 공공재 • 자원 배분의 효율성과 형평성
	거시 경제	• 거시 경제 변수　• 경제 성장과 정책　• 경기 변동과 정책
	국제 경제	• 국제 거래와 무역 원리　• 무역 정책　• 외환 시장과 환율
과정·기능		• 탐구 또는 분석 대상이 되는 경제 현상 및 경제 문제 선정하기 • 경제 개념, 원리 등을 활용하여 경제 현상에 대한 탐구 및 분석 방법 파악하기 • 경제 현상 및 경제 문제의 탐구를 위한 분석 계획 수립하기 • 경제 현상 및 경제 문제 관련 분석 결과 해석하기 • 경제 현상 및 경제 문제 관련 분석 결과를 종합하여 추론하기 • 최적의 대안을 선택하기 • 분석 결과를 바탕으로 경제 문제의 원인 및 해결 방안 도출하기

관련 학과 및 관련 직업

관련 학과

경영학과, 경제금융학과, 경제학과, 경제통상학과, 국제경제학과, 국제무역학과, 국제통상학과, 글로벌통상학과, 금융경제학과, 금융정보학과, 금융학과, 농업경제학과, 무역학과, 물류통상학과, 사회교육과, 산업경제학과, 세무학과, 세무회계학과, 회계학과, 회계세무학과 등

관련 직업

감정평가사, 경제학자, 경영컨설턴트, 국제무역사무원, 금융자산운용과, 관세사, 노무사, 마케팅전문가, 물류관리사, 보험계리인, 사회교사, 선물중개인, 세무사, 손해사정사, 애널리스트, 외환딜러, 재무분석가, 증권중개인, 증권분석가, 펀드매니저, 회계사 등

10 국제 관계의 이해

교과(군)	선택과목			평가정보		수능
	일반 선택	진로 선택	융합 선택	성취도	상대평가	
사회		●		5단계	5등급	×

'국제 관계의 이해'는 국가의 경계를 넘어선 일상을 살아가고 있는 학생들이 세계시민으로 살아가는 데 필요한 다양한 이슈들과 국제 사회 행위 주체들의 복합적인 관계를 파악하고, 세계시민으로서 보편적이고 타당한 의사 결정 능력과 태도를 기르기 위해 개설된 일반사회 영역의 진로 선택 과목이다.

🌱 목표

◆ 근대 국민 국가 형성기부터 갈등과 협력의 역동적인 과정을 통해 오늘날 국제 관계가 만들어졌음을 이해하고, 국제 관계에서 발생하는 갈등은 국제 사회의 노력으로 해결할 수 있다는 태도를 갖춘다.

◆ 국가 간 발전의 격차는 잠재적인 국제 분쟁의 원인임을 인식하고, 모든 인류가 기본적인 삶을 영위할 수 있도록 세계시민이 각자의 역할을 실천하는 자세를 지닌다.

◆ 전쟁과 테러, 개인의 삶에 대한 감시와 통제 등 인간의 평화로운 삶과 안전을 위협하는 요인들을 해결하기 위해서는 국가와 국제기구의 노력과 더불어 세계시민사회의 연대가 중요함을 인식한다.

◆ 국제 관계에서 발생하는 분쟁을 평화적으로 해결하기 위한 외교와 국제법의 중요성을 인식하고, 국가와 지역 기구, 국제 사회의 입장을 다각적으로 분석하는 습관을 기른다.

📖 내용 체계

범주		내용 요소
지식·이해	국제 관계의 특징	• 국제 관계의 변천 • 국제 사회를 바라보는 관점 • 국제 사회의 행위 주체
	균형 발전과 상생	• 국가 간 불평등 • 공정 무역 • 공적 개발 원조 • 우리나라의 위상과 역할
	평화와 안전의 보장	• 전쟁과 테러 • 팬데믹과 보건 • 감시와 통제 • 한반도의 평화
	국제 분쟁의 해결	• 외교와 국제법 • 국제법의 법원(法源) • 지역 통합, 지역 기구 • 우리나라가 가입한 조약과 지역 기구
과정·기능		• 국제 관계의 다양한 모습(협력, 경쟁, 갈등, 갈등 해결)을 미디어를 통해 탐색하기 • 우리나라를 둘러싼 다양한 국제 관계에 대해 여러 가지 입장 분석하기 • 선정된 국제 사회의 이슈 관련 탐구를 위한 가설 설정하기 • 가설 검증을 위해 필요한 자료 수집 및 분석하기 • 국제 관계에 대한 다양한 관점을 비교하고, 민주적 절차와 방법을 활용하여 합의 도출하기 • 자신의 의견이나 주장이 세계시민으로서 지켜야 할 책무에 벗어나지 않는지 점검하기 • 세계시민으로서 국제 문제 해결을 위해 적극적으로 참여하고 협력하기

🧪 관련 학과 및 관련 직업

관련 학과	관련 직업
국제통상학과, 국제통상물류학과, 국제무역학과, 국제법무학과, 국제사무학과, 국제학과, 국제학부, 국제관계학과, 국제문화정보학과, 법학과, 사회복지학과, 사회교육과, 정치국제학과, 정치외교학과, 통일외교안보학과 등	공정무역전문가, 국회의원, 국제회의전문가, 국제개발협력전문가, 국제무역사무원, 국제범죄전문가, 국제기구공무원, 변호사, 사회교사, 외교관, 정치인, 정치학연구원, 해외정보전문가, 해외영업사무원, 행정공무원 등

11 여행지리

교과(군)	선택과목			평가정보		수능
	일반 선택	진로 선택	융합 선택	성취도	상대평가	
사회			●	5단계	×	×

'여행지리'는 우리 주변과 세계 여러 지역에서 나타나는 다양한 자연경관과 인문경관, 인간과 환경의 관계에 대한 이해를 바탕으로 행복한 여행을 향유하는 데 필요한 지리적 소양을 함양하는 과목이다. 여행지리는 자아에 대한 탐구와 진로를 탐색하는 시기의 학생들에게 사고의 다양성, 스케일의 확장 및 질적인 심화에 적합한 융합 선택 과목이다.

목표

◆ 여행과 관련한 다양한 지식과 정보를 수집하고 지리적 의사 결정 능력을 기른다.
◆ 여행지의 자연환경 및 인문환경의 특성과 그곳에서 살아가는 사람들의 다양한 생활 모습을 통합적으로 탐구한다.
◆ 열린 마음으로 문화적 다양성을 이해하고, 문화에 대한 포용적인 태도를 기른다.
◆ 다양한 직·간접적인 여행의 경험을 통해 자아를 성찰하고 인류 공동체의 문제에 대한 공감을 통해 지속가능한 여행을 실천한다.
◆ 여행을 통해 나의 삶이 지역 및 세계와 연결되어 있음을 이해하고 세계시민으로서 이에 적극적으로 참여하며 책임감을 기른다.

내용 체계

범주		내용 요소
지식·이해	행복하고 안전한 여행	• 여행의 의미와 영향 • 장소의 의미와 중요성 • 모빌리티와 여행 계획
	문화와 자연을 찾아가는 여행	• 여행지로 향유하는 도시 • 문화경관 • 여행지의 기후와 장소 • 지오투어리즘
	성찰과 공존을 위한 여행	• 산업유산과 기념물 여행 • 평화여행과 다크투어리즘 • 새로운 여행 지역과 여행 콘텐츠 • 지속가능한 여행
	미래 사회와 여행	• 미래 여행과 미디어 • 일상 속 다양한 여행
과정·기능		• 자료와 매체를 통해 여행 정보를 수집하기 • 안전한 여행 계획을 수립하기 • 지도 및 지리정보기술을 활용하기 • 매력적인 여행지를 선정하고 사례를 탐구하기 • 여행지의 자연환경과 인문환경의 상호 관계를 조사하기 • 여행지와 관련하여 충돌하는 가치 발견하기 • 나-지역-국가-세계의 관계 속에서 여행을 조망하기 • 여행 포트폴리오를 구성하고 효과적으로 전달하기

관련 학과 및 관련 직업

관련 학과	관련 직업
관광학과, 관광개발학과, 관광경영학과, 관광학부, 건축학과, 건축학부, 도시공학과, 도시계획학과, 도시행정학과, 문화인류학과, 부동산학과, 지리학과, 지리교육과, 외국어 관련 학과 등	감정평가사, 관광가이드, 관광 통역 안내사, 건축가, 도시설계전문가, 도시재생전문가, 부동산전문가, 스마트도시전문가, 여행행상품개발원, 여행작가, 지리교사, 지리정보시스템전문가 등

12 역사로 탐구하는 현대 세계

교과(군)	선택과목			평가정보		수능
사회	**일반 선택**	**진로 선택**	**융합 선택**	**성취도**	**상대평가**	×
			●	5단계	×	

'역사로 탐구하는 현대 세계'는 현대 세계의 과제를 역사적 관점에서 파악하고 해결 방안을 모색하여 미래를 능동적으로 살아갈 수 있는 역량을 기르는 과목이다. '역사로 탐구하는 현대 세계'는 고등학교 역사과의 융합 선택 과목으로 타 교과와의 관련성을 고려하며 국가, 지역, 세계의 역사에 상호 연관적으로 접근한다.

'역사로 탐구하는 현대 세계'를 통해 학습자는 자료의 분석·해석 과정에서 탐구 능력을 기르고 역사 지식을 형성하며, 해석의 다양성과 역사의 논쟁성을 인식하고 타자를 이해하려는 태도를 함양한다. 또한 학습자는 현재 상황이 당연한 결과가 아니라 역사 행위자의 선택과 실천이 만들어온 결과임을 인식하고 학습자 자신도 미래 사회를 만들어가는 주체임을 자각할 수 있도록 한다.

목표

◆ 현대 세계의 과제를 역사적 맥락에서 탐구하고 다원적 관점에서 이해한다.
◆ 현대 세계의 복잡성과 연관성을 고려하여 과제의 해결책을 모색한다.
◆ 다양한 형태로 존재하는 역사 자료를 분석·해석하는 능력을 기른다.
◆ 자신과 다른 견해를 존중하며 논쟁하는 태도를 갖춘다.

내용 체계

범주		내용 요소	
지식·이해	현대 세계와 역사 탐구	• 세계 대전 이후의 현대 세계 • 청소년이 바라본 현대 세계의 과제	
	냉전과 열전	• 전후 평화를 위한 국제적 노력과 좌절 • 기념 시설로 만나는 역사	• 냉전 시기 열전의 전개
	성장의 풍요와 생태환경	• 세계 경제의 성장과 기술 발전 • 대중 소비 사회와 생태환경의 문제	• 기후변화 협약으로 만나는 역사
	분쟁과 갈등, 화해의 역사	• 탈냉전 이후의 국제 분쟁과 무력 갈등 • 권위주의 체제의 변동	• 역사 정책으로 만나는 역사
	도전받는 현대 세계	• 경제의 세계화와 불평등의 심화 • 다문화 사회로의 진전과 갈등	• 국제 규범으로 만나는 역사
과정·기능		• 다양한 역사 자료를 선택하고 분석하기 • 분석한 자료를 해석하고 비교하기 • 역사적 서사를 구성하고 표현하기	

관련 학과 및 관련 직업

관련 학과	관련 직업
고고학과, 고고미술사학과, 건축학과, 경제학과, 교육학과, 국제학과, 국제학부, 국제관계학과, 군사학과, 동양사학과, 문헌정보학과, 문화인류학과, 사학과, 사회학과, 서양사학과, 신문방송학과, 역사학과, 역사교육과, 인류학과, 정치외교학과, 행정학과 등	경영컨설턴트, 고고학자, 공무원, 교육학연구원, 국제개발협력전문가, 국제기구공무원, 국제회의전문가, 국회의원, 기자, 마케팅전문가, 문화재보존원, 사회과학연구원, 사회학자, 시민단체활동가, 역사학연구원, 역사교사, 언론인, 외교관, 정치가, 콘텐츠크리에이터, 큐레이터, 특파원 등

13 사회문제 탐구

교과(군)	선택과목			평가정보		수능
사회	일반 선택	진로 선택	융합 선택 ●	성취도 5단계	상대평가 ×	×

'사회문제 탐구'는 현대 사회에서 발생하는 여러 사회문제를 탐구하고 해결 방안을 모색할 수 있는 능력을 함양하기 위해 개설된 일반사회 영역의 융합 선택 과목이다. 사회문제의 의미와 특징, 사회문제에 대한 연구 방법의 이해를 기초로, 일상생활에서 접하는 사회문제와 사회의 변화로 인해 발생하는 다양한 사회문제에 대해 학생이 주도적으로 해결 방안을 탐구하며, 이 과정을 보고서로 작성하는 실천적인 탐구 활동을 제시하고 있다.

목표
◆ 사회현상으로서 사회문제의 의미와 특징을 이해하며, 사회문제를 바라보는 다양한 관점의 특징을 비교함으로써 탐구력을 함양한다.
◆ 사회과학 연구 방법의 특징을 이해하고 다양한 자료 수집 방법에 따라 수집된 자료를 비판적으로 분석함으로써 탐구력과 비판적 사고력을 함양한다.
◆ 사회문제와 관련된 다양한 정보 및 자료를 수집·분석하고 이를 적용하여 해결 방안을 모색하는 과정을 통해 정보 활용 능력, 합리적 의사 결정력, 비판적 사고력을 기른다.
◆ 사회문제를 선정하여 그 원인과 해결책을 공동으로 탐구하고, 그 과정을 보고서로 발표함으로써 탐구력, 의사소통 및 협업 능력을 함양한다.
◆ 사회문제에 관심을 갖고 사회문제 해결을 위해 능동적으로 참여하는 태도를 가진다.

내용 체계

범주		내용 요소
지식·이해	사회문제의 이해와 탐구	• 사회문제의 의미와 특징 • 사회문제를 바라보는 관점 • 사회문제 탐구 방법 • 사회문제 탐구와 연구 윤리
	일상생활과 사회문제	• 성 불평등 문제 • 미디어 이용 과정에서 나타나는 문제
	변화하는 세계와 사회문제	• 저출산·고령화 관련 사회문제 • 인공지능의 발전과 사회문제
	사회문제 사례 연구	• 사회문제 탐구 절차 • 사회문제 탐구 계획 수립 방법 • 다양한 자료 수집 및 분석 방법
과정·기능		• 여러 이론과 관점을 비교하기 • 사회문제의 현황을 조사하기 • 다양한 출처에서 찾은 자료와 정보의 타당성과 신뢰성 평가하기 • 수집한 자료와 정보를 논리적으로 분석하여 결론 도출하기 • 사회문제의 해결을 위한 합리적이고 창의적인 대안 제시하기 • 자신 및 상대방의 의견을 비판적으로 검토하고, 다양한 관점을 고려하여 의사소통하기 • 민주적 절차와 방법을 활용하여 사회문제의 해결 방안 도출하기

관련 학과 및 관련 직업

관련 학과	관련 직업
교육학과, 경영학과, 경제학과, 문화인류학과, 미디어학과, 미디어커뮤니케이션학과, 사회교육과, 사회복지학과, 사회학과, 신문방송학과, 언론정보학과, 정치외교학과, 지역개발학과, 행정학과 등	교육학연구원, 방송작가, 방송기자, 사회단체활동가, 사회계열교수, 사회교사, 사회복지사, 상담전문가, 신문기자, 여론조사 전문가, 인문과학연구원, 임상심리사, 평론가, 특파원 등

14 금융과 경제생활

교과(군)	선택과목			평가정보		수능
	일반 선택	진로 선택	융합 선택	성취도	상대평가	
사회			●	5단계	×	×

'금융과 경제생활'은 미래 경제생활의 주체인 학생들이 급변하는 디지털 금융 환경에서 평생에 걸쳐 안정된 금융 복지(financial wellbeing)를 향유하는 데 필요한 금융 지식과 금융 의사 결정 능력, 건전한 재무적 태도와 습관을 기르도록 하기 위해 개설된 일반사회 영역의 융합 선택 과목이다. 학생들은 자신의 금융과 관련한 문제를 인식하고 자료의 수집과 분석을 통해 문제의 합리적인 해결을 위한 계획을 세우고 실천하며 결과에 대해 반성적으로 평가하는 태도를 함양한다.

🌱 목표

◆ 디지털 금융 환경 속에서 안전한 금융 거래를 하는 데 필요한 지식과 태도를 갖추고 금융 사기를 예방하며 금융 소비자를 보호하기 위한 제도나 절차 등에 대한 지식을 갖춤으로써 스스로를 보호하고 건전한 금융 질서의 형성에 기여한다.

◆ 수입과 지출의 의미를 이해하고 효과적으로 수입과 지출을 관리할 수 있도록 예산을 수립하고 지속적으로 점검하는 습관을 기른다.

◆ 저축과 금융 투자의 차이에 대한 이해를 바탕으로 자신의 재무 목표에 맞게 저축 및 금융 투자 상품을 선택하며, 투자에 따른 위험을 인식하고 자기 책임하에 투자하는 자세를 가진다.

📖 내용 체계

범주		내용 요소
지식·이해	행복하고 안전한 금융 생활	• 금융과 금융 생활 • 금융 의사 결정 • 디지털 금융 환경과 금융 서비스 • 금융 사기 예방 및 구제 • 금융 소비자 보호 • 금융 거래와 계약
	수입과 지출	• 수입과 소득 • 소득 결정 요인 • 지출과 소비 • 지불 수단 • 합리적 소비 • 예산과 예산 관리
	저축과 투자	• 저축의 경제적 의의 • 저축에 영향을 주는 요인(이자, 세금, 물가 등) • 예금자 보호 제도 • 금융 투자 상품(주식, 채권, 펀드) • 투자에 따른 위험과 자기 책임의 원칙 • 투자자 보호 제도
	신용과 위험 관리	• 신용과 책임 • 신용 관리 • 신용 회복 지원 제도 • 일상생활 속 위험 • 보험의 원리 • 고령 사회와 연금
과정·기능		• 관심 있는 금융 관련 주제(문제)에 대한 탐구 질문 개발하기 • 금융 관련 주제(문제) 탐구를 위해 필요한 자료 수집하기 • 다양한 출처에서 찾은 자료와 금융 정보의 타당도와 신뢰도 확인하기 • 수집된 자료와 금융 정보를 해석하기 • 저축과 투자 선택에 대해 비용-편익 분석하기 • 금융 투자 상품의 유형을 분류하고 금융 상품별 특징 조사하기 • 자신의 신용을 효과적으로 관리할 수 있는 방안을 탐색하기

🧪 관련 학과 및 관련 직업

관련 학과	관련 직업
경제학과, 경제금융학과, 경영학과, 국제통상학과, 국제금융학과, 금융재무학과, 금융경영학과, 금융경제학과, 금융보험학과, 보험계리학과, 사회교육과, 세무학과, 세무회계학과, 회계학과 등	감정평가사, 경제학연구원, 손해사정사, 금융자산운용가, 보험계리인, 보험심사원, 부동산컨설턴트, 사회교사, 세무사, 애널리스트, 외환딜러, 증권분석가, 증권중개인, 펀드매니저, 회계사 등

15 기후변화와 지속가능한 세계

교과(군)	선택과목			평가정보		수능
사회	일반 선택	진로 선택	융합 선택	성취도	상대평가	×
			●	5단계	×	

인간과 자연의 관계에 대한 성찰과 방향 모색을 통하여 오늘날 인류가 처한 지구적 생태 위기를 극복하고 지속가능한 세계를 실현하기 위해 설정한 융합 선택 과목이다.

🌱 목표

◆ 기후변화의 원인에 대한 통합적 이해를 바탕으로 기후변화의 영향과 피해가 지리적, 사회·경제적 조건의 차이에 따라 다르게 나타나고 있음을 이해한다.

◆ 기후변화로 인하여 나타나는 다양한 문제와 쟁점들을 기후 정의적 관점으로 바라볼 수 있고, 문제 해결을 위한 다양한 생태 전환적 노력과 실천을 이해한다.

◆ 기후변화를 둘러싼 다양한 쟁점들에 대한 탐구 과정을 통하여 융합적 탐구 역량을 기르고, 기후 변화로 인해 발생하는 다양한 사회·생태적 문제들을 해결할 수 있도록 창의적 문제 해결력 및 합리적 의사 결정 능력을 기른다.

📖 내용 체계

범주		내용 요소
지식·이해	인간과 기후변화	• 기후변화의 심각성에 대한 인식 • 기후변화에 대한 다양한 관점 • 기후변화의 원인
	기후정의와 지역문제	• 세계 여러 지역에서 나타나는 기후재난의 실제 • 지리적, 사회·경제적 조건에 따라 차별적으로 나타나는 기후변화의 영향 • 기후정의의 관점에서 기후변화에 따른 불평등 문제의 이해와 해결 방안
	지속가능한 세계를 위한 생태전환	• 국제 및 시민사회의 기후변화 대응 및 협력 • 이해당사자들의 기후변화 대응 노력 • 기후변화 대응을 위한 국가 및 지역 차원의 생태전환 노력 • 적정기술, 순환경제의 중요성과 역할 • 에너지 전환의 중요성 인식
	공존의 세계와 생태시민	• 지속가능발전목표(SDGs)의 의미와 이행에 대한 이해 • 지속가능발전목표(SDGs)의 지역 사례 탐구 • 소비영역에서의 지속가능한 생활양식 • 공존의 세계를 위한 생태시민의 덕목에 대한 이해
과정·기능		• 지도와 그래픽을 이용하여 기후변화와 관련한 쟁점을 찾고 탐구 주제 설정하기 • 기후변화 관련 쟁점을 탐구하기 위해 공간적, 윤리적, 정치적 질문을 제시하기 • 기후변화 질문에 대한 적절성을 평가하고, 탐구 방법 계획하기 • 탐구 질문에 대한 유용한 정보와 근거 수집하기 • 분석된 자료에 근거하여 기후변화 쟁점에 대한 해결 방안 도출하기 • 기후변화 쟁점과 관련하여 제시된 다양한 해결 방안들을 비교하기

관련 학과 및 관련 직업

관련 학과

공간정보공학과, 국제학과, 대기환경과학과, 산림생태보호학과, 생태조경학과, 소방방재학과, 에너지공학과, 정치외교학과, 지구환경과학과, 지리학과, 지리교육과, 환경보건학과, 환경학과, 환경조경학과, 환경과학과, 환경공학과, 행정학과 등

관련 직업

국제시민단체활동가, 국제기구공무원, 기후변화대응전문가, 대기환경기술자, 소방공무원, 생태조경학자, 에너지공학기술자, 외교관, 지리학자, 탄소배출권거래전문가, 환경공학기술자, 환경컨설턴트, 환경영향평가원 등

과학 교과군

교과(군)
과학

구분
보통
교과

공통 과목
통합과학1, 통합과학2,
과학탐구실험1,
과학탐구실험2

일반 선택
물리학, 화학,
생명과학,
지구과학

진로 선택
역학과 에너지, 전자기와 양자,
물질과 에너지, 화학 반응의 세계,
세포와 물질대사, 생물의 유전,
지구시스템과학,
행성우주과학

융합 선택
과학의 역사와 문화,
기후변화와 환경생태,
융합과학 탐구

과학 교과군

과목명	절대평가		상대평가	통계정보			수능
	원점수	성취도 (5단계)	석차등급 (5등급)	성취도 분포비율	과목평균	수강자수	
공통 과목 통합과학1, 통합과학2	○	A·B·C·D·E	○	○	○	○	○
과학탐구실험1, 과학탐구실험2	○	A·B·C	×	×	×	×	×
일반 선택 물리학	○	A·B·C·D·E	○	○	○	○	×
화학	○	A·B·C·D·E	○	○	○	○	×
생명과학	○	A·B·C·D·E	○	○	○	○	×
지구과학	○	A·B·C·D·E	○	○	○	○	×
진로 선택 역학과 에너지	○	A·B·C·D·E	○	○	○	○	×
전자기와 양자	○	A·B·C·D·E	○	○	○	○	×
물질과 에너지	○	A·B·C·D·E	○	○	○	○	×
화학 반응의 세계	○	A·B·C·D·E	○	○	○	○	×
세포와 물질대사	○	A·B·C·D·E	○	○	○	○	×
생물의 유전	○	A·B·C·D·E	○	○	○	○	×
지구시스템과학	○	A·B·C·D·E	○	○	○	○	×
행성우주과학	○	A·B·C·D·E	○	○	○	○	×
융합 선택 과학의 역사와 문화	○	A·B·C·D·E	×	○	○	○	×
기후변화와 환경생태	○	A·B·C·D·E	×	○	○	○	×
융합과학 탐구	○	A·B·C·D·E	×	○	○	○	×

1 물리학

교과(군)	선택과목			평가정보		수능
	일반 선택	진로 선택	융합 선택	성취도	상대평가	
과학	●			5단계	5등급	×

'물리학'은 모든 자연 현상과 과학기술을 이해하는 데 필요한 기초 개념을 제공하고 자연 세계에 대한 본질적 이해를 추구하는 학문이다. 물리학은 자연 세계의 신비를 탐구하면서 얻을 수 있는 지적 희열을 제공할 뿐만 아니라, 물리 탐구를 통해 생성된 과학 지식은 공학과 기술에 응용되어 현대 문명과 일상생활에도 지대한 영향을 주고 있다.

'물리학'은 일상생활이나 자연 현상, 첨단 과학기술 속에 물리학의 기본 법칙이 담겨있음을 알고 이들 현상을 이해하고 탐구할 수 있는 능력을 바탕으로 민주 시민으로서 개인과 사회 문제를 과학적으로 해결하고 참여·실천하는 역량을 함양하는 데 중점을 둔다.

목표

◆ 자연 현상과 일상생활에 대한 흥미와 호기심을 바탕으로 물리학과 관련된 개인과 사회의 문제를 인식하고, 이를 과학적으로 해결하려는 태도를 기른다.
◆ 과학의 탐구 방법을 이해하고 물리학과 관련된 일상생활의 문제를 과학적으로 탐구하는 능력을 기른다.
◆ 자연 현상과 일상생활을 과학적으로 탐구하여 물리학의 핵심 개념을 이해한다.
◆ 과학과 기술 및 사회의 상호 관계를 이해하고 이를 바탕으로 개인과 사회의 문제해결에 민주 시민으로서 참여하고 실천하는 능력을 기른다.

내용 체계

범주		내용 요소
지식·이해	힘과 에너지	• 평형과 안정성　　• 뉴턴 운동 법칙　　• 일-에너지 정리 • 역학적 에너지 보존　　• 열과 에너지 전환
	전기와 자기	• 전기장과 전위차　• 축전기　• 자성체　• 전류의 자기 작용　• 전자기 유도
	빛과 물질	• 중첩과 간섭　　　• 굴절　　　　• 빛과 물질의 이중성 • 에너지띠와 반도체　• 광속 불변
과정·기능		• 물리 현상에서 문제를 인식하고 가설을 설정하기 • 변인을 조작적으로 정의하여 탐구 설계하기 • 다양한 도구와 수학적 사고를 활용하여 정보를 수집·기술하기 • 증거와 과학적 사고에 근거하여 자료를 분석·평가·추론하기 • 결론을 도출하고 자연 현상 및 기술 상황에 적용하여 설명하기 • 모형을 생성하고 활용하기 • 다양한 매체를 활용하여 표현하고 의사소통하기

관련 학과 및 관련 직업

관련 학과	관련 직업
건축공학과, 기계공학과, 나노공학과, 로봇공학과, 물리학과, 물리교육과, 물리천문학과, 반도체공학과, 산업공학과, 신소재공학과, 응용물리학과, 의공학과, 자동차공학과, 전기공학과, 전자공학과, 전자물리학과, 전기전자공학과, 전자정보공학과, 전자통신공학과, 정보통신공학과, 컴퓨터공학과, 항공기계공학과, 화학공학과 등	건축공학기술자, 기계공학기술자, 나노공학기술로봇공학기술자, 물리교사, 물리학자, 반도체공학기술자, 산업공학기술자, 신소재공학기술자, 에너지공학기술자, 의공학자, 자동공학기술자, 재료공학기술자, 전자공학기술자, 정보통신공학기술자, 컴퓨터공학기술자, 항공정비사, 항공우주공학기술자 등

2 화학

교과(군)	선택과목			평가정보		수능
	일반 선택	**진로 선택**	**융합 선택**	**성취도**	**상대평가**	
과학	●			5단계	5등급	×

'화학'은 21세기를 살아가는 데 필요한 핵심역량과 시민으로서 갖추어야 할 화학에 대한 기초 소양을 함양하기 위한 과목이다. '화학'은 일상생활이나 자연 현상에 적용되는 물질 세계의 기본 법칙을 다루고, 개인과 사회의 문제를 해결할 때 필요한 화학적 소양과 문제 해결력을 기르는 것을 목적으로 한다. '화학'은 자연 세계를 탐구하면서 얻을 수 있는 지적 희열을 제공하고, 화학 탐구를 통해 생성된 과학 지식은 공학과 기술에 응용되어 지속가능한 사회를 위한 문제 해결과 첨단 과학기술 개발에 활용된다.

🌱 목표

◆ 자연 현상과 물질에 대한 흥미와 호기심을 바탕으로 화학 관련 일상생활 문제를 인식하고, 이를 과학적으로 해결하려는 태도를 기른다.
◆ 과학의 탐구 방법을 활용하여 화학 관련 문제의 해결 방안을 탐색하고 과학적으로 탐구하는 능력을 기른다.
◆ 자연 현상과 일상생활을 과학적으로 탐구하여 화학의 핵심 개념을 이해한다.
◆ 과학과 기술 및 사회의 상호 관계를 이해하고 이를 바탕으로 개인과 사회의 문제를 해결하는 데 참여하고 실천하는 능력을 기른다.

📖 내용 체계

범주		내용 요소		
지식·이해	화학의 언어	• 화학의 유용성	• 몰	• 화학 반응의 양적 관계
	물질의 구조와 성질	• 전기 음성도 • 전자쌍 반발 이론	• 공유 결합의 극성 • 분자의 구조	• 루이스 전자점식
	화학 평형	• 가역 반응과 동적 평형	• 평형 상수	• 평형의 이동
	역동적인 화학 반응	• 몰 농도 • 중화 반응의 양적 관계	• 물의 자동 이온화와 pH	
과정·기능		• 물질 현상에서 문제 발견 및 가설 설정하기 • 변인을 조작적으로 정의하고, 탐구 설계하기 • 디지털 탐구 도구와 수학적 사고를 활용하여 정보를 수집·변환·해석하기 • 증거와 과학적 사고에 근거하여 자료를 분석·평가·추론하기 • 결론을 도출하고 물질 현상을 설명·예측하기 • 모형을 만들어 물질 현상을 해석하기 • 도출된 결론을 바탕으로 해결 방안에 대한 합리적 의사 결정하기 • 매체를 활용하여 의사소통·협업하기			

🧪 관련 학과 및 관련 직업

관련 학과	관련 직업
고분자공학과, 공업화학과, 공중보건학과, 그린화학공학과, 식품과학과, 생화학과, 신소재공학과, 에너지화학공학과, 응용화학과, 의예과, 약학과, 정밀화학과, 재료공학과, 화장품과학과, 화학생명공학과, 화공생명공학과, 화학신소재학과, 화학공학과, 화학교육과, 환경화학과, 환경공학과 등	금속공학기술자, 나노공학기술자, 생명공학기술자, 생물공학연구원, 석유화학기술자, 식품공학기술자, 신약개발연구원, 에너지공학기술자, 유전공학 연구원, 의사, 약사, 재료공학기술자, 조향사, 화학공학기술자, 화학연구원, 환경공학기술자, 환경영향평가원, 환경컨설턴트 등

3 생명과학

교과(군)	선택과목			평가정보		수능
과학	일반 선택	진로 선택	융합 선택	성취도	상대평가	×
	●			5단계	5등급	

'생명과학'은 '생명과학 기초 소양을 갖추고 더불어 살아가는 창의적인 사람'을 육성하기 위한 과목이다. '생명과학'에서는 생명과학 탐구능력과 태도를 함양하며, 생명과학 분야의 기본 개념을 이해하고, 자연과 일상생활에서 접하게 되는 다양한 생명 현상에 대한 의문점들을 과학적이고 창의적으로 해결하는 역량 함양에 중점을 둔다.

목표

◆ 생명 현상에 대한 과학적 흥미와 호기심을 바탕으로, 생명과학 관련 일상생활 문제를 인식하고 이를 과학적으로 해결하려는 태도를 기른다.
◆ 과학의 탐구 방법을 활용하여 생명과학 관련 문제의 해결 방안을 탐색하고 과학적으로 탐구하는 능력을 기른다.
◆ 생명 현상을 과학적으로 탐구하여 생명과학의 핵심 개념을 이해한다.
◆ 과학과 기술 및 사회의 상호 관계를 이해하고 이를 바탕으로 개인과 사회의 문제 해결에 민주 시민으로서 참여하고 실천하는 능력을 기른다.

내용 체계

범주		내용 요소
지식·이해	생명시스템의 구성	• 생명과학의 이해 • 생명의 구성 단계 • 물질대사와 에너지 • 사람 기관계의 통합적 작용 • 대사성 질환 • 생태계의 구조와 기능 • 개체군의 특성 • 군집의 특성
	항상성과 몸의 조절	• 뉴런의 구조와 기능 • 신경 자극의 전도와 시냅스 전달 • 신경계의 구조와 기능 • 내분비계의 특성 • 항상성 유지 원리 • 선천적·후천적 면역 • 항원·항체 반응 • 백신의 작용 원리
	생명의 연속성과 다양성	• 염색체의 구조 • DNA와 유전자 • 생식 세포의 형성과 의의 • 진화의 원리 • 생물 분류 체계 • 동물과 식물의 다양성과 계통수
과정·기능		• 생물 특징과 생명 활동 관계 추론하기 • 생명 현상에서 문제 발견 및 가설 설정하기 • 생명과학 탐구 설계, 수행 및 조사하기 • 생명과학적 근거를 기반으로 자료 해석, 분석 및 결론 도출하기 • 모형 생성하여 생명 현상 설명하기 • 다양한 매체를 활용하여 협력적 소통하기

관련 학과 및 관련 직업

관련 학과	관련 직업
농생명과학과, 바이오생명정보과, 분자생명공학과, 생명과학과, 생명공학과, 생물교육과, 생물학과, 생명자원학과, 생화학과, 식품과학과, 식품공학과, 응용미생물학과, 약학과, 의예과, 임상병리학과, 유전공학과, 원예학과, 화학생명공학과 등	나노공학기술자, 바이오의약품연구원, 바이오에너지연구원, 변리사, 생물학연구원, 생명과학시험원, 생명정보학자, 식품공학기술자, 약학연구원, 유전체시험원, 유전공학자, 임상병리사, 의사, 약사, 환경영향평가원, 환경컨설턴트 등

4 지구과학

교과(군)	선택과목			평가정보		수능
과학	일반 선택 ●	진로 선택	융합 선택	성취도 5단계	상대평가 5등급	×

'지구과학'은 '과학적 소양을 갖추고 더불어 살아가는 창의적인 사람'을 육성하기 위한 과목이다. '지구과학'에서는 모든 학생이 지구시스템과학과 행성우주과학 분야의 기본 개념을 익히고 과학 탐구 능력과 태도를 길러, 자연과 일상생활에서 접하는 지구와 우주에 관한 현상을 과학적으로 이해하고, 민주 시민으로서 개인과 사회 문제를 과학적으로 해결하고 참여·실천하는 역량 함양에 중점을 둔다.

목표

◆ 지구와 우주에 대한 과학적 흥미와 호기심을 바탕으로 지구과학 관련 일상생활 문제를 인식하고 이를 과학적으로 해결하려는 태도를 기른다.
◆ 과학의 탐구 방법을 활용하여 지구과학 관련 문제의 해결방안을 탐색하고 과학적으로 탐구하는 능력을 기른다.
◆ 지구와 우주 관련 현상을 과학적으로 탐구하여 지구과학의 핵심 개념을 이해한다.
◆ 과학과 기술 및 사회의 상호 관계를 이해하고 이를 바탕으로 민주 시민으로서 참여하고 실천하는 능력을 기른다.

내용 체계

범주		내용 요소
지식·이해	대기와 해양의 상호작용	• 해수의 성질 • 표층 순환 • 심층 순환 • 수온과 염분 • 일기 예보 • 이동성 고기압과 저기압 • 악기상 • 용승과 침강 • 남방진동 • 지구온난화 • 기후변화 요인
	지구의 역사와 한반도의 암석	• 퇴적구조와 퇴적암·화성암 • 변성작용과 변성암 • 변동대 • 지사 해석 방법 • 상대연령과 절대연령 • 지질시대의 환경과 생물 • 국가지질공원
	태양계 천체와 별과 우주의 진화	• 태양계 모형 • 행성의 겉보기 운동 • 일식과 월식 • 별의 물리량 • 별의 진화와 H-R도 • 은하의 구성과 분류 • 우주의 팽창
과정·기능		• 지구와 우주 관련 현상에서 문제를 인식하고 가설 설정하기 • 변인을 조작적으로 정의하여 탐구 설계하기 • 다양한 도구와 수학적 사고를 활용하여 정보를 조사·수집·해석하기 • 수학적 사고와 모형을 활용하여 지구와 우주 및 STEM 관련 현상 설명하기 • 증거에 기반한 과학적 사고를 통해 자료를 과학적으로 분석·평가·추론하기 • 과학적 주장을 다양한 방법으로 소통하고, 의사결정을 위해 과학적 지식 활용하기

관련 학과 및 관련 직업

관련 학과	관련 직업
과학교육과, 대기과학과, 에너지자원개발학과, 우주과학과, 지구과학교육과, 지구시스템과학과, 지구자원시스템공학과, 지리학과, 지질학과, 지질환경과학과, 지구정보공학과, 지구해양과학과, 지리학과, 천문학과, 토목공학과, 항공운항학과, 항공우주공학과, 환경교육과, 환경공학과, 환경생태공학과, 해양시스템학과, 해양학과 등	기상연구원, 기상컨설턴트, 기상캐스터, 기후변화연구원, 대기환경기술자, 대기환경전문가, 에너지공학기술자, 인공위성연구원, 일기예보관, 지구과학교사, 지리정보시스템전문가, 지리학자, 지질학연구원, 천문학연구원, 해양공학기술자, 해양생태연구원, 환경공학기술자, 항공우주공학기술자, 토목공학기술자 등

5 역학과 에너지

교과(군)	선택과목			평가정보		수능
과학	일반 선택	진로 선택 ●	융합 선택	성취도 5단계	상대평가 5등급	×

'역학과 에너지'는 물리학의 학문적 소양을 갖추고 더불어 살아가는 창의적인 사람을 육성하기 위한 과목이다. '역학과 에너지'에서는 역학의 기본 법칙을 이해하고 다양한 물체의 운동 및 열 현상과 열기관, 탄성파 등에 대해 학문적 흥미와 호기심을 갖도록 하며, 물리학 탐구 능력과 과학적 태도를 함양하여, 자연과 일상생활에서 접하게 되는 다양한 물리 현상에 대한 의문점들을 과학적이고 창의적으로 해결하는 물리학의 학문적 소양을 기르는 데 중점을 둔다.

목표

◆ 자연 현상과 일상생활에 대한 흥미와 호기심을 바탕으로 역학과 에너지와 관련된 개인과 사회의 문제를 인식하고, 이를 과학적으로 해결하려는 태도를 기른다.
◆ 과학의 탐구 방법을 이해하고 역학과 에너지와 관련된 문제를 과학적으로 탐구하는 능력을 기른다.
◆ 자연 현상과 일상생활을 과학적으로 탐구하여 역학과 에너지의 핵심 개념을 이해한다.
◆ 과학과 기술 및 사회의 상호 관계를 이해하고 이를 바탕으로 개인과 사회의 문제해결에 민주 시민으로서 참여하고 실천하는 능력을 기른다.

내용 체계

범주		내용 요소
지식·이해	시공간과 운동	• 벡터의 합성 • 포물선 운동과 원운동 • 역학적 에너지 • 중력과 천체 운동 • 탈출 속도 • 등가 원리
	열과 에너지	• 열의 이동 • 이상 기체 법칙 • 열역학 제1법칙 • 열기관 • 열역학 제2법칙
	탄성파와 소리	• 탄성파 • 투과와 반사 • 도플러 효과 • 간섭과 소음 제어 • 정상파
과정·기능		• 물리 현상에서 문제를 인식하고 가설을 설정하기 • 변인을 조작적으로 정의하여 탐구 설계하기 • 다양한 도구와 수학적 사고를 활용하여 정보를 수집·기술하기 • 증거와 과학적 사고에 근거하여 자료를 분석·평가·추론하기 • 결론을 도출하고 자연 현상 및 기술 상황에 적용·설명하기 • 모형을 생성하고 활용하기 • 다양한 매체를 활용하여 표현하고 의사소통하기

관련 학과 및 관련 직업

관련 학과	관련 직업
건축공학과, 기계공학과, 나노공학과, 로봇공학과, 물리학과, 물리교육과, 물리천문학과, 반도체공학과, 산업공학과, 신소재공학과, 응용물리학과, 의공학과, 자동차공학과, 전기공학과, 전자공학과, 전자물리학과, 전기전자공학과, 전자정보공학과, 전자통신공학과, 정보통신공학과, 컴퓨터공학과, 항공기계공학과, 화학공학과 등	건축공학기술자, 기계공학기술자, 나노공학기술자 로봇공학기술자, 물리교사, 물리학자, 반도체공학기술자, 산업공학기술자, 신소재공학기술자, 에너지공학기술자, 의공학자, 자동차공학기술자, 재료공학기술자, 전자공학기술자, 정보통신공학기술자, 컴퓨터공학기술자, 항공정비사, 항공우주공학기술자 등

6 전자기와 양자

교과(군)	선택과목			평가정보		수능
	일반 선택	**진로 선택**	**융합 선택**	**성취도**	**상대평가**	
과학		●		5단계	5등급	×

'전자기와 양자'는 물리학의 학문적 소양을 갖추고 더불어 살아가는 창의적인 사람을 육성하기 위한 과목이다. '전자기와 양자'는 전기와 자기의 상호작용, 빛의 성질과 응용, 원자보다 작은 미시세계 등에 대해 학문적 흥미와 호기심을 갖도록 하며, 물리학 탐구 능력과 과학적 태도를 함양하여, 자연과 일상생활에서 접하게 되는 다양한 물리 현상에 대한 의문점들을 과학적이고 창의적으로 해결하는 물리학의 학문적 소양을 기르는 데 중점을 둔다.

목표

◆ 자연 현상과 일상생활에 대한 흥미와 호기심을 바탕으로 전자기 및 양자와 관련된 개인과 사회의 문제를 인식하고, 이를 과학적으로 해결하려는 태도를 기른다.
◆ 과학의 탐구 방법을 이해하고 전자기 및 양자와 관련된 문제를 과학적으로 탐구하는 능력을 기른다.
◆ 자연 현상과 일상생활을 과학적으로 탐구하여 전자기와 양자의 핵심 개념을 이해한다.
◆ 과학과 기술 및 사회의 상호 관계를 이해하고 이를 바탕으로 개인과 사회의 문제해결에 민주 시민으로서 참여하고 실천하는 능력을 기른다.

📖 내용 체계

범주		내용 요소		
지식·이해	전자기적 상호작용	• 전기력선과 등전위면 • 유도기전력	• 유전분극 • 반도체 소자인	• 로런츠 힘
	빛과 정보 통신	• 렌즈와 수차 • 광전효과	• 간섭과 회절 • 레이저	• 편광
	양자와 미시세계	• 입자-파동 이중성 • 터널 효과	• 확률 파동 • 불확정성 원리	• 중첩 • 핵융합
과정·기능		• 물리 현상에서 문제를 인식하고 가설을 설정하기 • 변인을 조작적으로 정의하여 탐구 설계하기 • 다양한 도구와 수학적 사고를 활용하여 정보를 수집·기술하기 • 증거와 과학적 사고에 근거하여 자료를 분석·평가·추론하기 • 결론을 도출하고 자연 현상 및 기술 상황에 적용·설명하기 • 모형을 생성하고 활용하기 • 다양한 매체를 활용하여 표현하고 의사소통하기		

🧪 관련 학과 및 관련 직업

관련 학과	관련 직업
건축공학과, 기계공학과, 나노공학과, 로봇공학과, 물리학과, 물리교육과, 물리천문학과, 반도체공학과, 산업공학과, 신소재공학과, 응용물리학과, 의공학과, 자동차공학과, 전기공학과, 전자공학과, 전자물리학과, 전기전자공학과, 전자정보공학과, 전자통신공학과, 정보통신공학과, 컴퓨터공학과, 항공기계공학과, 화학공학과 등	건축공학기술자, 기계공학기술자, 나노공학기술자 로봇공학기술자, 물리교사, 물리학자, 반도체공학기술자, 산업공학기술자, 신소재공학기술자, 에너지공학기술자, 의공학자, 자동차공학기술자, 재료공학기술자, 전자공학기술자, 정보통신공학기술자, 컴퓨터공학기술자, 항공정비사, 항공우주공학기술자 등

7 물질과 에너지

교과(군)	선택과목			평가정보		수능
	일반 선택	진로 선택	융합 선택	성취도	상대평가	
과학		●		5단계	5등급	×

'물질과 에너지'는 급변하는 미래 사회를 살아가는 데 필요한 핵심역량과 시민으로서 갖추어야 할 화학적 소양을 함양하기 위한 과목이다. '물질과 에너지' 과목에서는 고등학교 '화학'에서 학습한 내용을 심화하여 인류 문명의 발전과 우리 삶의 질 향상에 기여해 온 물질 현상과 에너지의 관계에 포함된 화학 개념과 법칙을 이해하고, 과학적 탐구 능력과 태도를 함양하여 개인과 사회의 문제를 과학적이고 창의적으로 해결하고 화학 관련 진로 설정에 필요한 역량을 기르는 것을 목적으로 한다.

목표

◆ 자연 현상과 물질에 대한 흥미와 호기심을 바탕으로 물질 및 에너지와 관련된 일상생활 문제를 인식하고, 이를 과학적으로 해결하려는 태도를 기른다.
◆ 과학의 탐구 방법을 활용하여 화학 관련 문제의 해결 방안을 탐색하고 과학적으로 탐구하는 능력을 기른다.
◆ 자연 현상과 일상생활을 과학적으로 탐구하여 물질과 에너지의 핵심 개념을 이해한다.
◆ 과학과 기술 및 사회의 상호 관계를 이해하고 이를 바탕으로 개인과 사회의 문제해결에 민주 시민으로서 참여하고 실천하는 능력을 기른다.

내용 체계

범주		내용 요소
지식·이해	물질의 세 가지 상태	• 이상 기체 방정식　　• 혼합 기체의 분압과 몰 분율 • 액체의 분자 간 상호작용과 성질　• 입자 배열에 따른 고체의 분류
	용액의 성질	• 물의 성질과 수소 결합　　• 삼투현상 • 용액의 농도에 따른 증기압, 끓는점, 어는점 변화
	화학 변화의 자발성	• 엔탈피와 열화학 반응식　　• 헤스 법칙 • 엔트로피
	반응 속도	• 반응 속도의 표현과 의미　• 반응 속도식　• 1차 반응의 반감기 • 활성화 에너지　　• 반응 속도에 영향을 미치는 요인
과정·기능		• 물질 현상에서 문제 발견 및 가설 설정하기 • 변인을 조작적으로 정의하고, 탐구 설계하기 • 디지털 도구와 수학적 사고를 활용하여 정보를 수집·변환·해석하기 • 증거와 과학적 사고에 근거하여 자료를 분석·평가·추론하기 • 결론을 도출하고 물질 현상을 설명·예측하기 • 모형을 만들어 물질 현상을 해석하기 • 도출된 결론을 바탕으로 해결 방안에 대한 합리적 의사 결정하기 • 매체를 활용하여 의사소통·협업하기

관련 학과 및 관련 직업

관련 학과	관련 직업
고분자공학과, 공업화학과, 공중보건학과, 그린화학공학과, 식품과학과, 생화학과, 신소재공학과, 에너지화학공학과, 응용화학과, 의예과, 약학과, 정밀화학과, 재료공학과, 화장품과학과, 화학생명공학과, 화공생명공학과, 화학신소재학과, 화학공학과, 화학교육과, 환경화학과, 환경공학과 등	금속공학기술자, 나노공학기술자, 생명공학기술자, 생물공학연구원, 석유화학기술자, 식품공학기술자, 신약개발연구원, 에너지공학기술자, 유전공학 연구원, 의사, 약사, 재료공학기술자, 조향사, 화학공학기술자, 화학연구원, 환경공학기술자, 환경영향평가원, 환경컨설턴트 등

8 화학 반응의 세계

교과(군)	선택과목			평가정보		수능
	일반 선택	**진로 선택**	**융합 선택**	**성취도**	**상대평가**	
과학		●		5단계	5등급	×

'화학 반응의 세계'는 21세기를 살아가는 데 필요한 핵심역량과 시민으로서 갖추어야 할 화학 소양을 함양하기 위한 과목이다. '화학 반응의 세계'는 다양한 화학 반응과 관련된 지식과 탐구 방법을 학습함으로써 과학적 탐구 능력과 태도를 함양하여 화학 관련 문제를 과학적이고 창의적으로 해결하는 능력을 길러 화학 관련 진로 설정에 필요한 역량을 기르는 것을 목적으로 한다.

🌱 목표

◆ 자연 현상과 물질에 대한 흥미와 호기심을 바탕으로 다양한 화학 반응이 관련된 일상생활 문제를 인식하고, 이를 과학적으로 해결하려는 태도를 기른다.

◆ 과학의 탐구 방법을 활용하여 화학 관련 문제의 해결 방안을 탐색하고 과학적으로 탐구하는 능력을 기른다.

◆ 자연 현상과 일상생활을 과학적으로 탐구하여 화학 반응의 세계의 핵심 개념을 이해한다.

◆ 과학과 기술 및 사회의 상호 관계를 이해하고, 이를 바탕으로 개인과 사회의 문제 해결에 민주 시민으로서 참여하고 실천하는 능력을 기른다.

📖 내용 체계

범주		내용 요소
지식 · 이해	산 염기 평형	• 산과 염기의 정의와 성질　• 이온화 상수와 산 염기의 세기 • 약산과 약염기 수용액의 pH　• 중화 적정 곡선 • 염의 가수 분해　• 완충 작용
	산화·환원 반응	• 산화·환원 반응과 산화수　• 산화·환원 반응식 • 표준 환원 전위　• 화학 전지　• 전기 분해　• 화학 전지의 유용성
	탄소 화합물과 반응	• 작용기와 반응　• 고분자 물질　• 신물질 개발
과정·기능		• 물질 현상에서 문제 발견 및 가설 설정하기 • 변인을 조작적으로 정의하고, 탐구 설계하기 • 디지털 탐구 도구와 수학적 사고를 활용하여 정보를 수집·변환·해석하기 • 증거와 과학적 사고에 근거하여 자료를 분석·평가·추론하기 • 결론을 도출하고 물질 현상을 설명·예측하기 • 모형을 만들어 물질 현상을 해석하기 • 도출된 결론을 바탕으로 해결 방안에 대한 합리적 의사 결정하기 • 매체를 활용하여 의사소통·협업하기

🧪 관련 학과 및 관련 직업

관련 학과	관련 직업
고분자공학과, 공업화학과, 공중보건학과, 그린화학공학과, 식품과학과, 식품영양학과, 신소재공학과, 에너지화학공학과, 응용화학과, 의예과, 약학과, 정밀화학과, 재료공학과, 화장품 과학과, 화학생명공학과, 화공생명공학과, 화학신소재학과, 화학공학과, 화학교육과, 환경화학과, 환경공학과	금속공학기술자, 나노공학기술자, 생명공학기술자, 생물 공학연구원, 석유화학기술자, 식품공학기술자, 신약개발연구원, 에너지공학기술자, 유전공학 연구원, 의사, 약사, 재료공학기술자, 조향사, 화학공학기술자, 화학연구원, 환경공학기술자, 환경 영향평가원, 환경컨설턴트 등

9 세포와 물질대사

교과(군)	선택과목			평가정보		수능
	일반 선택	진로 선택	융합 선택	성취도	상대평가	
과학		●		5단계	5등급	×

'세포와 물질대사'는 '생명과학의 학문적 소양을 갖추고 더불어 살아가는 창의적인 사람'을 육성하기 위한 과목이다. '세포와 물질대사'에서는 생명의 기본 단위인 세포와 생명체에서 일어나는 다양한 생명 현상에 대한 학문적 흥미와 호기심을 갖도록 하며, 생명과학 탐구능력과 태도를 함양하여, 자연과 일상생활에서 접하게 되는 다양한 생명 현상에 대한 의문점들을 과학적이고 창의적으로 해결하는 생명과학의 학문적 소양을 기르는 데 중점을 둔다.

🌱 목표

◆ 세포와 물질대사에 대한 과학적 흥미와 호기심을 바탕으로 생명과학 관련 일상생활 문제를 인식하고 이를 과학적으로 해결하려는 태도를 기른다.
◆ 과학의 탐구 방법을 활용하여 세포와 물질대사 관련 문제의 해결 방안을 탐색하고 과학적으로 탐구하는 능력을 기른다.
◆ 생명 현상을 과학적으로 탐구하여 세포와 물질대사의 핵심 개념을 이해한다.
◆ 과학과 기술 및 사회의 상호 관계를 이해하고 이를 바탕으로 개인과 사회의 문제해결에 민주 시민으로서 참여하고 실천하는 능력을 기른다.

📖 내용 체계

범주		내용 요소
지식·이해	세포	• 생명체의 구성 물질　• 세포의 연구방법 • 세포 소기관의 유기적 관계　• 원핵세포와 진핵세포 • 세포막의 물질 수송
	물질대사와 에너지	• 물질대사　• ATP　• 생명 활동에 필요한 에너지 • 효소의 작용　• 효소의 종류　• 효소의 이용
	세포호흡과 광합성	• 미토콘드리아의 구조와 기능　• 세포호흡 과정　• 발효　• 엽록체의 구조와 기능 • 명반응과 탄소 고정반응　• 전자전달계　• 광합성과 세포호흡의 관계
과정·기능		• 생물 특징과 생명 활동 관계 추론하기 • 생명 현상에서 문제 발견 및 가설 설정하기 • 생명과학 탐구 설계, 수행 및 조사하기 • 생명과학적 근거를 기반으로 자료 해석, 분석 및 결론 도출하기 • 모형 생성하여 생명 현상 설명하기 • 다양한 매체를 활용하여 협력적 소통하기

🧪 관련 학과 및 관련 직업

관련 학과

농생명과학과, 바이오식품공학과, 바이오생명정보과, 분자생명공학과, 생명과학과, 생명공학과, 생물교육과, 생물학과, 생명자원학과, 생화학과, 식품가공학과, 식품과학과, 식품영양학과, 식품공학과, 응용미생물학과, 약학과, 의예과, 임상병리학과, 유전공학과, 원예학과, 화학생명공학과 등

관련 직업

나노공학기술자, 바이오의약품연구원, 바이오에너지연구원, 변리사, 생물학연구원, 생명과학시험원, 생명공학기술자, 생명정보학자, 식품공학기술자, 식품연구원, 약학연구원, 유전체시험원, 유전공학자, 임상병리사, 의사, 약사, 환경영향평가원, 환경컨설턴트 등

10 생물의 유전

교과(군)	선택과목			평가정보		수능
	일반 선택	진로 선택	융합 선택	성취도	상대평가	
과학		●		5단계	5등급	×

'생물의 유전'은 '생명과학의 학문적 소양을 갖추고 더불어 살아가는 창의적인 사람'을 육성하기 위한 과목이다. '생물의 유전'에서는 생물의 유전 관련 다양한 생명 현상에 대한 학문적 흥미와 호기심을 갖도록 하며, 생명과학 탐구능력과 태도를 함양하여, 자연과 일상생활에서 접하게 되는 다양한 생명 현상에 대한 의문점들을 과학적이고 창의적으로 해결하는 생명과학의 학문적 소양을 기르는 데 중점을 둔다.

목표

◆ 생물의 유전에 대한 과학적 흥미와 호기심을 바탕으로 생명과학 관련 일상생활 문제를 인식하고 이를 과학적으로 해결하려는 태도를 기른다.
◆ 과학의 탐구 방법을 활용하여 생물의 유전 관련 문제의 해결 방안을 탐색하고 과학적으로 탐구하는 능력을 기른다.
◆ 생명 현상을 과학적으로 탐구하여 생물의 유전의 핵심개념을 이해한다.
◆ 과학·기술·사회의 상호 관계를 이해하고 이를 바탕으로 개인과 사회의 문제해결에 민주 시민으로서 참여하고 실천하는 능력을 기른다.

내용 체계

범주		내용 요소
지식·이해	유전자와 유전물질	• 유전자와 유전 형질　• 상염색체 유전과 성염색체 유전 • 다유전자유전　• 사람의 유전병 • DNA 구조와 DNA가 유전물질이라는 증거 • 원핵세포와 진핵세포의 유전체의 구성　• DNA 복제 원리
	유전자의 발현	• 중심원리　　• 전사와 번역 • 원핵생물의 유전자 발현 조절　• 진핵생물의 유전자 발현 조절 • 발생과 세포 분화에서의 유전자 발현 조절
	생명공학기술	• 생명공학기술의 발달　• 생명공학기술 관련 분야 • 유전자 변형 생물체의 개발과 이용 • 생명공학기술의 활용과 생명윤리
과정·기능		• 생물 특징과 생명 활동 관계 추론하기 • 생명 현상에서 문제 발견 및 가설 설정하기 • 생명과학 탐구 설계, 수행 및 조사하기 • 생명과학적 근거를 기반으로 자료 해석, 분석 및 결론 도출하기 • 모형 생성하여 생명 현상 설명하기 • 다양한 매체를 활용하여 협력적 소통하기

관련 학과 및 관련 직업

관련 학과	관련 직업
농생명과학과, 바이오생명정보과, 분자생명공학과, 생명과학과, 생명공학과, 생물교육과, 생물학과, 생명자원학과, 생화학과, 식품과학과, 식품영양학과, 식품공학과, 식품생명공학과, 응용미생물학과, 약학과, 의예과, 임상병리학과, 유전공학과, 원예학과, 화학생명공학과 등	나노공학기술자, 바이오의약품연구원, 바이오에너지연구원, 변리사, 생물학연구원, 생명과학시험원, 생명정보학자, 생명공학기술자, 식품공학기술자, 약학연구원, 영양사, 유전체시험원, 유전공학자, 임상병리사, 의사, 약사, 환경영향평가원, 환경컨설턴트 등

11 지구시스템과학

교과(군)	선택과목			평가정보		수능
	일반 선택	진로 선택	융합 선택	성취도	상대평가	
과학		●		5단계	5등급	×

'지구시스템과학'은 '과학적 소양을 갖추고 더불어 살아가는 창의적인 사람'을 육성하기 위한 과목이다. '지구시스템과학'에서는 지구시스템의 구성 및 구성 권역들의 상호작용에 대한 기본 개념을 이해하고, 지구과학 탐구 능력과 태도를 길러, 시·공간적으로 밀접하게 관련된 생물권을 포함한 지구시스템 관련 현상을 과학적으로 이해하고, 민주 시민으로서 개인과 사회 문제를 과학적으로 해결하고 참여·실천하는 역량 함양에 중점을 둔다.

목표

◆ 지구시스템에 대한 과학적 흥미와 호기심을 바탕으로 지구과학 관련 일상생활 문제를 인식하고 이를 과학적으로 해결하려는 태도를 기른다.
◆ 과학의 탐구 방법을 활용하여 지구시스템 관련 문제의 해결 방안을 탐색하고 과학적으로 탐구하는 능력을 기른다.
◆ 지구시스템을 과학적으로 탐구하여 지구시스템과학의 핵심 개념을 이해한다.
◆ 과학과 기술 및 사회의 상호 관계를 이해하고 이를 바탕으로 민주 시민으로서 참여하고 실천하는 능력을 기른다.

내용 체계

범주		내용 요소
지식·이해	지구 탄생과 생동하는 지구	• 지구의 탄생 • 지권의 형성 • 규산염 광물의 성질 • 지진파 • 지구 내부구조 • 판구조와 플룸송
	해수의 운동	• 에크만 수송 • 지형류 • 천해파와 심해파 • 풍랑과 너울 • 쓰나미 • 폭풍 해일 • 조석과 기조력
	강수 과정과 대기의 운동	• 태양복사 • 지구복사 • 열수지 • 온실효과 • 대기 안정도 • 강수과정 • 지균풍 • 경도풍 • 지상풍 • 편서풍 파동 • 제트류
과정·기능		• 지구와 우주 관련 현상에서 문제를 인식하고 가설을 설정하기 • 변인을 조작적으로 정의하여 탐구 설계하기 • 다양한 도구를 활용하여 정보를 조사·수집·해석하기 • 수학적 사고와 모형을 활용하여 지구와 우주 및 지구계 관련 현상 설명하기 • 증거에 기반한 과학적 사고를 통해 자료를 과학적으로 분석·평가·추론하기 • 결론을 도출하고 자연 현상 및 융복합 문제 상황에 적용·설명하기 • 과학적 주장을 다양한 방법으로 소통하고, 의사결정을 위해 과학적 지식 활용하기

관련 학과 및 관련 직업

관련 학과	관련 직업
과학교육과, 에너지자원개발학과, 우주과학과, 지구과학교육과, 지구정보공학과, 지구해양과학과, 지리학과, 지질학과, 지질환경과학과, 천문학과, 환경공학과, 항공운항학과, 항공우주공학과, 해양학과, 해양시스템학과 등	기상연구원, 기상컨설턴트, 기후변화연구원, 대기환경기술자, 대기환경전문가, 인공위성연구원, 지구과학교사, 지리학자, 지질학연구원, 천문학연구원, 토목공학기술자 해양공학기술자, 해양생태연구원, 환경공학기술자, 항공우주공학기술자 등

12 행성우주과학

교과(군)	선택과목			평가정보		수능
	일반 선택	**진로 선택**	**융합 선택**	**성취도**	**상대평가**	
과학		●		5단계	5등급	×

'행성우주과학'은 과학적 소양을 갖추고 더불어 살아가는 창의적인 사람'을 육성하기 위한 과목이다. '행성우주과학'에서는 행성 지구를 비롯한 천체 및 우주과학 관련 기본 개념을 이해하고, 지구과학 탐구 능력과 태도를 길러, 시·공간적으로 밀접하게 관련된 지구 행성계를 포함한 천체와 우주 관련 현상을 과학적으로 이해하고, 민주 시민으로서 개인과 사회 문제를 과학적으로 해결하고 참여·실천하는 역량 함양에 중점을 둔다.

🌱 목표

◆ 우주에 대한 과학적 흥미와 호기심을 바탕으로 인류가 직면한 행성우주과학 관련 문제를 인식하고 이를 과학적으로 해결하려는 태도를 기른다.
◆ 과학의 탐구 방법을 활용하여 행성우주과학 관련 문제의 해결방안을 탐색하고 과학적으로 탐구하는 능력을 기른다.
◆ 태양계, 별, 우주를 과학적으로 탐구하여 행성우주과학의 핵심개념을 이해한다.
◆ 과학과 기술 및 사회의 상호 관계를 이해하고 이를 바탕으로 민주 시민으로서 참여하고 실천하는 능력을 기른다.

📖 내용 체계

범주		내용 요소
지식·이해	우주탐사와 행성계	• 태양계의 구성 천체 • 우주탐사 • 우주 위험 감시 • 케플러 법칙 • 신기술 망원경 • 외계 행성계 • 생명가능지대
	태양과 별의 관측	• 태양 활동 • 태양 및 천체 관측 • 거리지수 • 별자리 • 쌍성계 • 질량-광도 관계 • 변광성 • 초신성
	은하와 우주	• 성간 티끌 • 성간 소광 • 세페이드 변광성 • 은하의 회전과 질량 • 암흑 물질 • 전천 탐사 • 우주 거대 구조
과정·기능		• 지구와 우주 관련 현상에서 문제를 인식하고 가설을 설정하기 • 변인을 조작적으로 정의하여 탐구 설계하기 • 다양한 도구를 활용하여 정보를 조사·수집·해석하기 • 수학적 사고와 모형을 활용하여 지구와 우주 및 지구계 관련 현상 설명하기 • 증거에 기반한 과학적 사고를 통해 자료를 과학적으로 분석·평가·추론하기 • 결론을 도출하고 자연 현상 및 융복합 문제 상황에 적용·설명하기 • 과학적 주장을 다양한 방법으로 소통하고, 의사결정을 위해 과학적 지식 활용하기

🧪 관련 학과 및 관련 직업

관련 학과	관련 직업
과학교육과, 에너지자원개발학과, 우주과학과, 지구과학교육과, 지구정보공학과, 지구해양과학과, 지리학과, 지질학과, 지질환경과학과, 천문학과, 환경공학과, 항공운항학과, 항공우주공학과, 해양학과, 해양시스템학과 등	기상연구원, 기상컨설턴트, 기후변화연구원, 대기환경기술자, 대기환경전문가, 인공위성연구원, 지구과학교사, 지리학자, 지질학연구원, 천문학연구원, 토목공학기술자 해양공학기술자, 해양생태연구원, 환경공학기술자, 항공우주공학기술자 등

13 과학의 역사와 문화

교과(군)	선택과목			평가정보		수능
	일반 선택	진로 선택	융합 선택	성취도	상대평가	
과학			●	5단계	×	×

'과학의 역사와 문화'는 인류 문명의 역사 속 과학의 특징과 가치를 이해하고, 이를 기반으로 과학의 사회적 역할을 고려하여 미래 사회에 필요한 과학적 소양을 함양하기 위한 과목이다. 과학의 역사에서 중요한 사건이나 사례를 중심으로, 과학과 사회, 경제, 문화 등의 상호작용을 탐색한다. 이를 통해 과학기술의 발달로 인한 사회문화의 변화를 예측하고, 이러한 변화의 과정 속에서 발생할 수 있는 다양한 문제를 지혜롭게 해결할 수 있는 역량을 기르는 데 중점을 둔다.

목표

◆ 과학과 사회문화의 관계에 대한 흥미와 호기심을 바탕으로, 개인과 사회의 문제를 인식하고, 이를 과학적으로 해결하려는 태도를 기른다.
◆ 인류 문명에 중요한 영향을 미친 과학적 발견과 역사적 사건을 토대로 다가오는 미래에 나타날 수 있는 변화를 예측하고 대응할 수 있는 능력을 기른다.
◆ 과학과 사회, 경제, 예술 등 다양한 분야와의 관계에서 과학의 역할과 가치를 이해한다.
◆ 과학기술 및 사회의 상호 관계를 이해하고 이를 바탕으로 개인과 사회의 문제해결에 민주 시민으로서 참여하고 실천하는 능력을 기른다.

내용 체계

범주		내용 요소
지식·이해	과학과 문명의 탄생과 통합	• 과학의 문명과 태동 • 그리스 문명과 과학 • 중세 과학과 종교 • 르네상스와 과학혁명 • 과학과 예술의 통합 • 과학자의 신념과 세계관
	변화하는 과학과 세계	• 현대 과학과 사회문화 • 현대 과학과 예술 • 감염병과 백신 • 교통수단 속의 과학 • 산업혁명 이후 과학기술의 명암
	과학과 인류의 미래	• 과학기술 기반 문화 콘텐츠 • 미디어 속 과학의 언어 • 과학기술과 음악 • 인간과 사물의 대화 • 증강 현실과 가상 현실의 세계 • 과학기술과 시민 참여
과정·기능		• 과학과 사회문화 사이의 상호작용과 관련된 문제 인식하기 • 문제를 해결하기 위해 변인이 포함된 탐구 설계하기 • 다양한 도구를 활용해 자료를 수집·기술·변환하기 • 융합적 사고를 바탕으로 자료를 분석·평가·추론하기 • 결론 도출 및 결론의 사회적 가치 판단하기 • 과학기술을 이용한 사회 문제 해결 방안 마련하기 • 과학기술의 발달에 따른 미래 사회 변화 예측하기 • 타당한 근거에 기초하여 자신의 주장을 펼치고 실천적 대안 마련하기 • 다양한 매체를 활용하여 표현하고 협력적 소통하기

관련 학과 및 관련 직업

관련 학과	관련 직업
고고미술사학과, 고고문화인류학과, 고고학과, 동양문화학과, 문화인류학과, 문화재학과, 사학과, 역사학과, 서양사학과, 철학과, 과학교육학과 등	역사학자, 과학사연구원, 과학교사, 과학저널리스트, 미술평론가, 고고학자, 철학자, 큐레이터, 문화재보존가 등

14 기후변화와 환경생태

교과(군)	선택과목			평가정보		수능
	일반 선택	진로 선택	융합 선택	성취도	상대평가	
과학			●	5단계	×	×

'기후변화와 환경생태'는 기후변화와 환경생태의 상호작용에 대한 이해를 바탕으로 미래 사회에 필요한 과학적 소양을 함양하기 위한 과목이다. 과학적 소양을 갖추고 더불어 살아가는 창의적인 사람을 기르기 위해 기후변화가 초래하는 환경과 생태계의 변화를 이해하고, 기후위기에 대응하는 인류의 노력을 탐색한다. 이를 통해 다양한 사회 문제에 능동적이고 지혜롭게 대응할 수 있는 역량을 기르는 데 중점을 둔다.

목표

◆ 기후변화와 환경생태에 대한 흥미와 호기심을 바탕으로 개인과 사회가 직면한 문제를 인식하고, 이를 과학적으로 해결하려는 태도를 기른다.
◆ 기후변화가 환경생태에 미치는 영향을 다양한 사례들을 중심으로 이해하고, 기후위기와 급격한 환경생태 변화의 심각성을 인식한다.
◆ 기후변화에 따른 미래의 생태계 변화를 예측한 시나리오를 탐구함으로써 발생할 수 있는 다양한 문제를 예측하고 이에 대응할 수 있는 능력을 기른다.

내용 체계

범주		내용 요소		
지식 · 이해	기후와 환경생태의 특성	• 기후요소와 기후인자 • 기후와 환경생태의 상호작용	• 지구시스템의 상호작용	
	기후위기와 환경생태 변화	• 기후위기 • 기후변화 시나리오 • 육상생태계의 변화	• 해수면 상승 • 수생태계의 변화	• 극한 기상 현상 • 기후변화와 감염병
	기후위기에 대응하는 우리의 노력	• 해양생태계의 변화와 복원 • 급격한 환경생태 변화와 대응 노력 • 환경생태 보전을 위한 국제적 노력과 시민참여	• 탄소 저감 과학기술	
과정·기능		• 자연과 일상생활에서 문제 인식하기 • 문제를 해결하기 위해 변인이 포함된 탐구 설계하기 • 다양한 도구를 활용해 데이터를 수집·기술·변환하기 • 융합적 사고, 수학적 사고를 바탕으로 데이터를 분석·평가·추론하기 • 결론을 도출하고 자연 현상 및 일상생활에 적용·설명하기 • 과학적 모형을 생성하고 활용하기 • 과학기술을 이용한 사회 문제 해결 방안 마련하기 • 과학기술 발달에 따른 미래 사회 변화 예측하기 • 타당한 근거에 기초하여 자신의 주장을 펼치고 실천적 대안 마련하기 • 다양한 매체를 활용하여 표현하고 협력적 소통하기		

관련 학과 및 관련 직업

관련 학과	관련 직업
건설환경공학과, 도시공학과, 대기과학과, 바이오환경공학과, 생물학과, 에너지자원공학과, 지구과학교육과, 지구환경학과, 지구시스템학과, 지구해양학과, 토목공학과, 해양시스템학과, 환경생태공학과, 환경공학과, 환경안전공학과 등	기상연구원, 기후변화연구원, 대기과학자, 도시재생공학자, 생태학자, 신재생에너지연구원, 에너지공학기술자, 지구과학교사, 지질학연구원, 토목공학기술자, 환경영향평가원, 환경공학기술자, 환경컨설턴트, 해양공학기술자 등

15 융합과학 탐구

교과(군)	선택과목			평가정보		수능
	일반 선택	진로 선택	융합 선택	성취도	상대평가	
과학			●	5단계	×	×

'융합과학 탐구'는 빅데이터, 인공지능, 모의실험 등을 이용한 탐구 활동을 통해 융합과학의 역할과 필요성을 이해하고, 융합적 사고 능력과 탐구 능력을 함양하기 위한 과목이다. 과학적 소양을 갖추고 더불어 살아가는 창의적인 사람을 기르기 위해 사회 문제의 해결을 위한 융합과학적 접근 방법을 탐색할 수 있는 기회를 제공한다. 이를 통해 융합과학의 가치와 유용성을 이해하고 일상생활의 문제를 융합적이고 창의적으로 해결할 수 있는 역량을 기르는 데 중점을 둔다.

목표

◆ 자연 현상과 일상생활에 대한 흥미와 호기심을 바탕으로 개인과 사회의 문제를 인식하고, 이를 과학적으로 해결하려는 태도를 기른다.
◆ 융합탐구의 과정을 이해하고 일상생활과 사회 속의 다양한 문제를 창의적으로 해결할 수 있는 능력을 기른다.
◆ 과학기술을 포함한 다양한 분야의 연계와 활용에 기반한 융합과학 탐구의 역할과 가치를 이해한다.
◆ 과학기술 및 사회의 상호 관계에 대한 이해를 바탕으로 개인과 사회의 문제를 해결하고, 민주 시민으로서 참여하고 실천하는 능력을 기른다.

내용 체계

범주		내용 요소
지식 · 이해	융합과학 탐구의 이해	• 융합과학의 역할과 유용성 • 다양한 탐구 과정의 특성 • 데이터의 이해와 활용 • 디지털 탐구 도구의 이해와 활용
	융합과학 탐구의 과정	• 융합과학 탐구의 요소와 절차 • 융합적 탐구 문제 발견 • 가설과 과학적 모형 • 디지털 탐구 도구와 데이터 수집 • 데이터의 시각화와 평가 • 결론 도출 및 과학적 의사소통
	융합과학 탐구의 전망	• 미래 사회와 융합과학기술 • 융합과학기술과 사회적 난제 해결 • 융합과학 탐구와 윤리 • 사회 문제와 시민참여
과정·기능		• 자연과 일상생활에서 문제 인식하기 • 문제를 해결하기 위해 변인이 포함된 탐구 설계하기 • 컴퓨터, 인공지능 등 다양한 도구를 활용해 데이터를 수집·기술·변환하기 • 융합적 사고, 수학적 사고를 바탕으로 데이터를 분석·평가·추론하기 • 과학적 모형을 생성하고 활용하기 • 과학기술을 이용한 사회 문제 해결 방안 마련하기 • 과학기술 발달에 따른 미래 사회 변화 예측하기 • 타당한 근거에 기초하여 자신의 주장을 펼치고 실천적 대안 마련하기 • 다양한 매체를 활용하여 표현하고 협력적 소통하기

관련 학과 및 관련 직업

관련 학과	관련 직업
고분자공학과, 기계공학과, 나노화학공학과, 물리학과, 생명과학과, 생명공학과, 식품공학과, 응용물리학과, 응용화학과, 전자공학과, 전자전기공학과, 지질학과, 천문학과, 환경학과, 환경공학과, 항공우주공학과, 해양학과 등	과학교사, 기계공학기술자, 나노공학기술자, 대기과학자, 물리학자, 반도체공학기술자, 생명과학기술자, 생명공학기술자, 신약개발연구원, 에너지공학기술자, 전기공학기술자, 전자공학기술자, 천문학자, 화학연구원, 환경연구원 등

기술·가정 교과군

교과(군)
기술·가정

일반 선택
기술·가정

진로 선택
로봇과 공학세계,
생활과학 탐구

구분
보통
교과

융합 선택
창의 공학 설계, 지식
재산 일반, 아동발달과
부모, 생애 설계와
자립

기술·가정 교과군

과목명	절대평가		상대평가	통계정보				수능
	원점수	성취도 (5단계)	석차등급 (5등급)	성취도 분포비율	과목평균	수강자수		
기술·가정	○	A·B·C·D·E	○	○	○	○		×
로봇과 공학세계	○	A·B·C·D·E	○	○	○	○		×
생활과학 탐구	○	A·B·C·D·E	○	○	○	○		×
창의 공학 설계	○	A·B·C·D·E	○	○	○	○		×
지식 재산 일반	○	A·B·C·D·E	○	○	○	○		×
아동발달과 부모	○	A·B·C·D·E	○	○	○	○		×
생애 설계와 자립	○	A·B·C·D·E	○	○	○	○		×

일반 선택 / 진로 선택 / 융합 선택

구분	과목	과목 소개	관련 학과
일반 선택	기술·가정	〈기술·가정〉은 '생활과학' 분야 및 '공학' 분야의 진로 선택과 융합 선택 과목을 학습하는 데 기본이 되는 과목이다. 특히 학습자들이 현재와 미래의 삶에서 경험하게 될 '가정과 생활과학'에 대한 탐구를 바탕으로 비판적 사고 능력, 실천적 문제해결 능력을 함양하며, 정서적 공감능력을 바탕으로 인간애를 발휘하는 생활의 태도를 기르고, '기술과 공학'에 대한 공학적 사고력, 공학적 문제해결 능력, 공학적 가치를 인식하고 태도를 기르는 데 중점을 둔다.	가정학과, 가정관리학과, 가족주거학과, 노인복지학과, 소비자학과, 의류학과, 패션디자인학과, 아동·가족학과, 식품공학과, 식품생명공학과, 식품영양학과, 기술교육학과, 기계공학과, 건축학과, 금속공학과, 교통공학과, 산업공학과, 전기공학과, 전자공학과, 에너지공학과, 컴퓨터공학과, 화학공학과, 환경공학과, 토목공학과 등
진로 선택	로봇과 공학세계	과학, 수학, 정보 등 다양한 과목의 기초 지식을 활용하여 기술에 대한 내용과 수준을 심화·확장하고 여러 가지 기술과 공학이 융합된 대표적 사례인 로봇을 이해하고 설계 및 제작하며 로봇 관련 문제를 해결하고 동시에 로봇 관련 공학의 세계에 대한 다양한 진로를 탐색하는 기회를 제공하는 과목이다. 〈로봇과 공학세계〉의 각 내용 영역은 영역별 지식·이해, 과정·기능, 가치·태도의 내용 체계를 서로 연계하여 종합적으로 이해하며, 로봇과 관련된 다양한 공학 세계를 탐색하는 기회를 제공하는 데 중점을 두었다.	로봇공학과, 기계공학과, 메카트로닉스공학과, 건축공학과, 교통공학과, 소프트웨어학과, 소프트웨어공학과, 산업공학과, 자동차공학과, 전기공학과, 전자공학과, 전기전자공학과, 정보통신공학과, 에너지공학과, 컴퓨터공학과, 화학공학과, 환경공학과, 항공우주공학과, 토목공학과 등
	생활과학 탐구	여러 가지 국가·사회적 요구를 반영하여 학습자에게 인간의 생활의 질 향상을 통해 나타날 수 있는 '좋은 삶'의 다양한 측면을 탐구하는 경험을 제공하고, 이와 관련된 진로 분야인 생활과학 분야(식품과 영양, 섬유와 패션, 생활공간 및 주환경, 아동발달 및 아동상담, 가족생활교육 및 가족 상담, 소비자 마케팅 및 재무관리 등)와 생활과학 관련한 여러 분야(심리상담 및 복지 분야, 보건 및 간호의료 계열 분야)의 진로를 설계하도록 하는 교과이다.	가정교육과, 사회복지학과, 소비자학과, 소비자아동학과, 식품과학과, 식품공학과, 식품영양학과, 식품자원경제학과, 실내인테리어학과, 아동가족학과, 아동보육학과, 주거환경학과, 섬유공학과, 의류학과, 패션디자인학과, 상담학과, 심리학과, 심리상담학과, 유아교육과 등
융합 선택	창의 공학 설계	고등학교 〈기술·가정〉, 〈로봇과 공학세계〉, 〈지식 재산 일반〉 과목과 '발명', '기술적 문제해결', '공학의 기초 영역'에 대한 내용 및 활동을 수평적으로 연계·확장한 과목이다. 공학의 문제해결 과정을 체험하고, 공학에 대한 이해, 융합 공학 문제를 탐구하여 공학의 기초 능력인 공학적 문제해결과 창의 설계를 학습하여 공학 분야의 창의성과 문제해결능력 및 태도를 기르는 데 목적을 둔다.	기술교육학과, 기계공학과, 건축학과, 교통공학과, 금속공학과, 도시공학과, 산업공학과, 신소재공학과, 에너지공학과, 원자력공학과, 전기공학과, 전자공학과, 에너지공학과, 재료공학과, 정보통신공학과, 컴퓨터공학과, 화학공학과, 환경공학과, 토목공학과 등
	지식 재산 일반	고등학교 〈기술·가정〉, 〈창의 공학 설계〉의 발명 영역, 기술적 문제해결, 창의적 공학 설계 영역을 내용과 수준에서 심화·확장한 과목으로 지식재산권에 대한 기초적 지식 이해와 체험의 학습 기회를 제공하고 창의적이고 융합적인 사고를 바탕으로 지식재산권을 창출하고, 보호 및 활용하는 능력을 갖도록 한다. 발명과 지식재산에 관한 실제적이고 흥미로운 사례를 탐구하고 문제를 해결하며, 지식재산 프로젝트 활동을 통하여 지식재산 관련 분야의 진로를 탐색하도록 설정된 과목이다.	기술교육과, 디지털콘텐츠창작학과, 디지털콘텐츠학과, 발명특허학과, 법학과, 벤처창업학과, 산업경영과, 산업디자인학과, 지식서비스경영학과, 지식재산학과, 저작권학과, 표준·지식학과, 창업경영과, 화장품발명디자인학과 등
	아동 발달과 부모	고등학교 일반선택 과목 〈기술·가정〉의 가정 영역과 연계하여 아동발달에 대한 이해와 양육에 관련된 다양한 주제를 융합하여 개설한 과목이다. 다양한 가족에서의 부모됨의 선택과 양육은 물론 사회적 양육을 포함한 다양한 유형의 건강한 부모 됨을 실천할 수 있는 실제적 역량을 함양하는 데 중점을 둔다. 이 과목을 통해 나와 내 가족을 뛰어넘어 사회가 함께 아동을 돌볼 수 있는 역량을 기르도록 하여 디지털 환경과 인공지능이 고도화되는 미래 사회에서 인간다움과 타인 돌봄 능력을 함양할 수 있다.	가정교육과, 간호학과, 건강관리학과, 교육학과, 가족상담학과, 보건관리학과, 사회복지학과, 사회학과, 심리상담학과, 아동학과, 아동가족학과, 유아교육과, 의류학과, 식품공학과, 식품영양학과, 소비자아동학과, 소비자학과, 식품공학과, 식품과학과, 식품영양학과, 청소년학과, 청소년지도학과, 초등교육과 등
	생애 설계와 자립	고등학교 일반선택 과목 〈기술·가정〉의 가정 영역과 연계하여 교과 내는 물론이고 여러 교과에서 실생활과 연계할 수 있는 다양한 주제를 융합하였다. 후기 청소년기를 지나 성인기로 성장하는 고등학교 학습자를 위해 자립적 삶의 성취를 통한 삶의 질 향상과 직결된 다양한 실생활의 내용을 학습내용으로 설계하였다.	가정교육과, 경제학과, 사회복지학과, 사회학과, 심리상담학과, 아동가족학과, 아동가정복지학과, 아동학과, 유아교육과, 주거환경학과, 생활복지주거학과, 소비자아동학과, 소비자학과, 식품공학과, 식품과학과, 식품영양학과, 청소년학과, 청소년지도학과 등

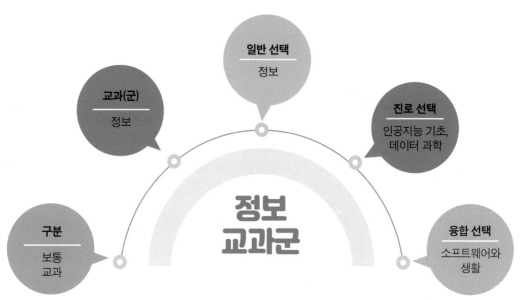

| 과목명 | 절대평가 | | 상대평가 | 통계정보 | | | 수능 |
	원점수	성취도 (5단계)	석차등급 (5등급)	성취도 분포비율	과목평균	수강자수	
일반 선택 · 정보	○	A·B·C·D·E	○	○	○	○	×
진로 선택 · 인공지능 기초	○	A·B·C·D·E	○	○	○	○	×
진로 선택 · 데이터 과학	○	A·B·C·D·E	○	○	○	○	×
융합 선택 · 소프트웨어와 생활	○	A·B·C·D·E	○	○	○	○	×

구분	과목	과목 소개	관련 학과
일반 선택	정보	인공지능으로 정의되는 사회에서 데이터와 정보로 인한 디지털 세상의 변화를 인식하고, 정보의 사회적 가치를 탐구하며, 정보를 처리하는 다양한 원리와 기술에 기반한 컴퓨팅 사고력을 바탕으로 실생활 및 다양한 학문 분야의 문제를 해결하는 능력과 태도를 기르는 교과이다. 디지털 대전환 시대의 국가·사회적 요구에 부응하여, 컴퓨팅을 활용한 문제 해결을 위해 사회 구성원이 갖추어야 할 필수 역량을 제공한다.	데이터과학과, AI빅데이터학과, 빅데이터공학과, 빅데이터분석학과, 인공지능학과, 인공지능공학과, 전기공학과, 전자공학과, 전기전자공학과, 소프트웨어학과, 소프트웨어공학과, 소프트웨어융합학과, 응용소프트웨어학과, 정보보호학과, 컴퓨터공학과, 컴퓨터과학과 등
진로 선택	인공지능 기초	학문의 분야 중 컴퓨터과학, 데이터 과학, 정보시스템의 내용을 기반으로, 개인의 삶과 다양한 분야에서 직접적인 영향을 미치고 있는 인공지능에 대한 깊은 이해를 제공하는 교과이다. 미래 사회의 변화와 불확실성 등으로 인한 진로와 직업의 변화에 능동적으로 대처하며, 인공지능의 주체적 사용자인 학습자가 인공지능을 인간 중심으로 안전하고 책임 있게 사용하는 자기주도성을 갖춘 디지털 민주시민으로 성장하게 한다.	AI융합학과, AI·컴퓨터공학과, AI로봇 융합학과, AI소프트웨어학과, AI융합학과, 빅데이터AI학과, 로봇공학과, 로봇자동화공학과, 빅데이터분석과, AI로봇융합학과, 소프트웨어학과, 인공지능공학과, 인공지능학과, 정보보호학과, 지능로봇공학과, 정보통신공학과, 컴퓨터공학과 등
	데이터 과학	데이터와 데이터 처리에 대한 다양한 방법론을 기반으로 통계와 기계학습 등을 활용하여 다양한 학문 분야의 문제 해결과 의사 결정에서의 통찰력을 제공하는 교과이다. 데이터 과학은 개인의 삶과 연관되어 일상과 향후의 직업에서 기술의 발전에 능동적으로 대처할 수 있도록 한다.	데이터과학과, 빅데이터AI학과, 데이터 사이언스학과, 로봇공학과, 로봇자동화공학과, 빅데이터분석과, 소프트웨어학과, 수학과, 인공지능학과, 정보보호학과, 지능로봇공학과, 정보보호학과, 정보통신공학과, 컴퓨터공학과, 컴퓨터과학과, 뇌인지과학부, 통계학과 등
융합 선택	소프트웨어와 생활	소프트웨어에 대한 기본 개념과 원리를 실생활 및 다양한 학문 분야의 문제 해결에 융합적이고 협력적으로 적용하는 과정을 경험할 수 있게 하는 교과이다. 학생들은 소프트웨어와 각 분야와의 융합에 대한 가치와 중요성을 인식하고, 소프트웨어를 적용한 표현 및 데이터 분석과 활용, 소프트웨어를 통한 시뮬레이션 구현 등을 경험함으로써 실생활 및 다양한 학문 분야의 문제를 융합적이고 창의적으로 해결하는 능력을 갖춘 디지털 민주시민으로 성장하게 된다.	데이터과학과, 빅데이터분석과, 소프트웨어학과, 소프트웨어공학과, 인공 지능학과, 인공지능소프트웨어학과, 융합소프트웨어학과, 지능형소프트웨어학과, 전기전자공학과, 정보보호학과, 컴퓨터공학과, 컴퓨터과학과, 컴퓨터소프트웨어학과 등

체육 교과군

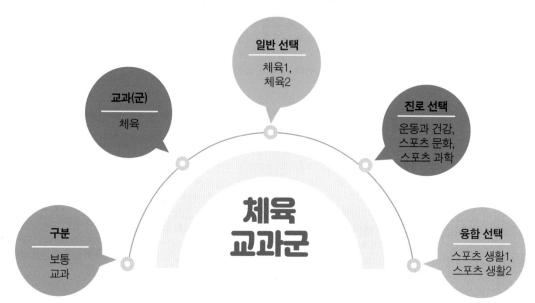

교과(군)
체육

일반 선택
체육1,
체육2

진로 선택
운동과 건강,
스포츠 문화,
스포츠 과학

구분
보통
교과

**체육
교과군**

융합 선택
스포츠 생활1,
스포츠 생활2

과목명	절대평가		상대평가	통계정보			수능
	원점수	성취도 (3단계)	석차등급 (5등급)	성취도 분포비율	과목평균	수강자수	
체육1	×	A·B·C	×	×	×	×	×
체육2	×	A·B·C	×	×	×	×	×
운동과 건강	×	A·B·C	×	×	×	×	×
스포츠 문화	×	A·B·C	×	×	×	×	×
스포츠 과학	×	A·B·C	×	×	×	×	×
스포츠 생활1	×	A·B·C	×	×	×	×	×
스포츠 생활2	×	A·B·C	×	×	×	×	×

일반 선택

진로 선택

융합 선택

구분	과목	과목 소개	관련 학과
일반 선택	체육1	생애주기에 따라 건강을 유지 및 증진하고, 타인 및 환경과 상호작용하며 스포츠를 생활화할 수 있는 자질을 길러주는 과목이다. 건강을 체계적으로 관리하는 생활 방식을 습관화하고, 전략형 스포츠와 생태형 스포츠를 생활 속에서 지속해서 실천함으로써 건강 문제를 주도적으로 개선하고 스포츠 친화적이며 활동적인 삶을 살아갈 수 있도록 하는 데 주안점을 둔다.	경호학과, 골프산업학과, 체육학과, 생활체육학과, 사회체육학과, 스포츠과학과, 체육교육학과, 레저스포츠학과, 해양스포츠학과, 운동건강관리학과, 운동재활학과, 스포츠산업학과, 스포츠의학과, 특수체육학과 등
	체육2	과학적 원리와 방법에 따라 체력을 증진하고 스포츠와 표현 활동의 수행 능력을 함양하여 생활화할 수 있는 자질을 길러주는 과목이다. 체력을 체계적으로 증진하고 관리하며, 기술형 스포츠와 표현 활동을 일상생활에서 지속해서 실천함으로써 신체적 수월성과 창의적인 표현 능력을 가질 수 있도록 하는 데 주안점을 둔다.	경호학과, 골프체육학과, 체육학과, 생활체육학과, 사회체육학과, 스포츠과학과, 체육교육과, 레저스포츠학과, 운동재활학과, 스포츠경영학과, 스포츠산업학과, 스포츠의학과, 무용과 등
진로 선택	운동과 건강	운동을 바탕으로 건강을 관리하고, 상황과 맥락에 맞는 개인 맞춤형 트레이닝을 통해 체력을 증진하며, 운동을 생활화하는 능력을 길러주는 과목이다. 운동을 건강 관리 목적에 맞게 체계적으로 계획하고 체력 증진 트레이닝 프로그램을 실천하며, 운동 손상을 예방하고 관리함으로써 자신의 건강을 능동적으로 관리하고 적정 체력 수준을 유지하면서 활기차게 생활할 수 있도록 하는 데 주안점을 둔다.	체육학과, 생활체육학과, 사회체육학과, 스포츠과학과, 스포츠의학과, 체육교육과, 레저스포츠학과, 해양스포츠학과, 운동건강관리학과, 운동재활학과, 물리치료학과, 응급구조학과, 특수체육교육학과 등
	스포츠 문화	인간이 스포츠 활동 과정에서 축적한 다양한 문화 양식을 이론적, 실제적으로 탐구하고 스포츠 경기와 통합하여 실천할 수 있는 자질을 길러주는 과목이다. 스포츠 인문 문화와 경기 문화를 탐색하고, 스포츠 경기 과정에 이를 연계하고 접목함으로써 스포츠 문화를 다양하게 이해하고 실천하는 데 주안점을 둔다.	글로벌스포츠산업학부, 레저스포츠학과, 체육학과, 생활체육학과, 사회체육학과, 스포츠과학과, 체육교육과, 운동스포츠경영학과, 스포츠산업학과 등
	스포츠 과학	스포츠 현상을 체계적으로 분석하고 효율적으로 실천할 수 있는 자질을 길러주는 과목이다. 스포츠 현상을 사회과학적 원리와 자연과학적 원리에 근거하여 분석하고 스포츠 경기 참여 과정에 적용함으로써 스포츠에 대한 과학적 안목과 창의적 사고를 함양하는 데 주안점을 둔다.	글로벌스포츠산업학부, 국제스포츠학과, 골프산업학과, 체육학과, 체육교육과, 스포츠과학과, 사회체육학과, 스포츠산업과학부, 스포츠의학과 등
융합 선택	스포츠 생활1	스포츠 경기 유형에 적합한 체력을 강화하고 더욱 고도화된 스포츠 경기 수행 능력을 발휘하여 스포츠를 생활화할 수 있는 능력을 길러주는 과목이다. 영역형 스포츠와 생활·자연환경형 스포츠의 경기 특성을 더욱 깊이 이해하고, 경기 수행에 대한 유능감을 내면화하여 이를 생활화할 수 있도록 하는 데 주안점을 둔다.	체육학과, 생활체육학과, 사회체육학과, 스포츠과학과, 체육교육과, 레저스포츠학과, 운동건강관리학과, 운동재활학과, 스포츠경영학과, 스포츠산업학과, 경호학과, 골프산업학과 등
	스포츠 생활2	스포츠 경기 유형에 적합한 체력을 강화하고 더욱 고도화된 스포츠 경기 수행 능력을 발휘하여 스포츠를 생활화할 수 있는 능력을 길러주는 과목이다. 네트형 스포츠와 필드형 스포츠의 경기 특성을 더욱 깊이 이해하고, 경기 수행에 대한 유능감을 내면화하여 이를 생활화할 수 있도록 하는 데 주안점을 둔다.	체육학과, 생활체육학과, 사회체육학과, 스포츠과학과, 체육교육과, 레저스포츠학과, 운동건강관리학과, 운동재활학과, 스포츠경영학과, 스포츠산업학과, 경호학과, 골프산업학과 등

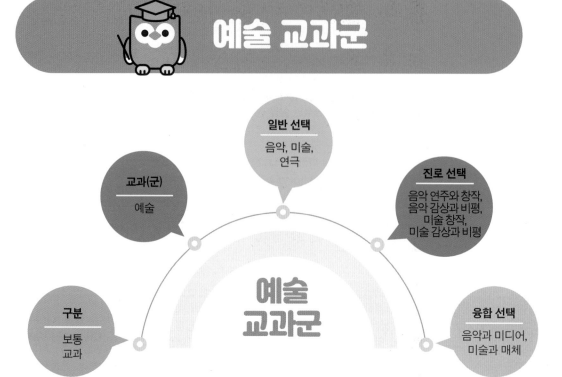

예술 교과군

일반 선택
음악, 미술,
연극

교과(군)
예술

진로 선택
음악 연주와 창작,
음악 감상과 비평,
미술 창작,
미술 감상과 비평

구분
보통
교과

융합 선택
음악과 미디어,
미술과 매체

예술
교과군

과목명	절대평가		상대평가	통계정보			수능
	원점수	성취도 (3단계)	석차등급 (5등급)	성취도 분포비율	과목평균	수강자수	
일반 선택 음악	×	A·B·C	×	×	×	×	×
미술	×	A·B·C	×	×	×	×	×
연극	×	A·B·C	×	×	×	×	×
진로 선택 음악 연주와 창작	×	A·B·C	×	×	×	×	×
음악 감상과 비평	×	A·B·C	×	×	×	×	×
미술 창작	×	A·B·C	×	×	×	×	×
융합 선택 미술 감상과 비평	×	A·B·C	×	×	×	×	×
음악과 미디어	×	A·B·C	×	×	×	×	×
미술과 매체	×	A·B·C	×	×	×	×	×

구분	과목	과목 소개	관련 학과
일반 선택	음악	인간·문화·사회·산업·과학·환경적 측면에서 다양한 가치와 의미를 지니는 음악을 포괄적이며 효율적으로 경험하도록 함으로써 학생의 음악적 발달을 이끌어 살아가는 데에 필요한 미래 역량을 풍부하게 길러주는 교과이다. 다양한 분야와 연계한 창의적인 음악 활동을 통해 다른 사람과 소통하는 전인적 성장을 촉진하는 교과이다.	국악과, 기악과, 관현악과, 반주학과, 피아노과, 성악과, 작곡과, 음악과, 음악교육과, 음악학과, 실용음악학과, 종교음악과, 공연제작과, 음향제작과, 뮤지컬학과 등
	미술	삶 속에서 대상과 현상에 대한 학생들의 감각을 깨우고 지각하는 방법을 다루며, 아이디어의 발상과 매체의 활용을 통해 창작 과정에서 성취를 경험하도록 한다. 또한 미술 표현 내용과 형식의 맥락적 이해와 비평 활동을 통해 자신과 공동체에 관해 성찰하게 하며, 새로운 관점에서 질문을 제기하고 대안을 도모하도록 한다.	회화과, 동양화과, 서양화과, 시각 디자인학과, 디지털디자인학과, 멀티미디어디자인학과, 커뮤니케이션디자인학과, 공예학과, 미디어영상학과, 조소과, 미술교육과 등
	연극	일상생활 속 연극 예술에 대해 이해하며 직접 체험하고 다시 삶의 맥락에 적용하는 기초 과목이며 입문 과목이다. 따라서 연극에 대한 이해를 바탕으로 인문학적 소양을 기르고자 하는 학습자나 연극을 체계적으로 공부하여 자신의 진로, 진학과 연계하고자 하는 학습자 모두를 대상으로 한다.	연극학과, 연기과, 연기학과, 연기예술학과, 연극영화학과, 영화학과, 영화예술학과, 영화영상학과, 연극 뮤지컬, 연극연기학과, 연극예술학과, 뮤지컬과 등
진로 선택	음악 연주와 창작	학습자가 음악의 본질과 다양한 가치를 경험함으로써 변화하는 삶 속에서 연주자 및 작곡자 등의 음악적 역할뿐만 아니라 다양한 사회·문화·산업 등에서 주체적이고 협업적인 역할을 수행할 수 있도록 하는 과목이다. 일반 선택 〈음악〉 과목의 연주 및 창작 활동을 심화하여 감성 역량, 창의성 역량, 자기주도성 역량, 공동체 역량, 소통 역량 등을 더욱 발전시키도록 구성되어 있다.	국악과, 기악과, 관현악과, 피아노과, 성악과, 작곡과, 국악학과, 음악교육과, 실용음악학과, 종교음악과, 공연제작과, 공연예술음악과, 공연예술학과, 음향제작과, 뮤지컬학과, K-POP학과 등
	음악 감상과 비평	음악의 미적 본질과 다양한 가치를 경험하고, 변화하는 삶 속에서 감상자나 청중 등의 역할을 지속적으로 수행하며, 음악적 통찰력과 비판적 사고력을 심화하여 미적 가치관과 사회·문화적 안목을 넓힐 수 있도록 하는 과목이다. 일반 선택 〈음악〉 과목의 감상 활동을 심화하고 비평 활동을 강조하여 감성 역량, 창의성 역량, 자기주도성 역량, 공동체 역량, 소통 역량 등을 더욱 발전시키도록 구성되어 있다.	국악과, 기악과, 관현악과, 피아노과, 성악과, 작곡과, 국악학과, 음악교육과, 실용음악학과, 종교음악과, 공연제작과, 음향제작과, 뮤지컬학과, 반주학과, 실용음악과, 피아노과 등
	미술 창작	자신의 진로나 관심 분야와 미술을 연결하고 작품 제작을 통해 세계와 소통하는 방법을 창조하는 진로 선택 과목이다. '미술 창작'에서는 자신의 경험과 인식을 바탕으로 표현 주제를 생각하고 관련된 자료를 조사하며 시각적 표현을 통해 소통의 방법을 배운다. 또한 표현 기술의 융합과 확장을 통하여 예술 창작을 경험하고 그에 대해 성찰하며, 자신과 공동체, 환경 등에 대한 주제로 제작된 작품을 전시하여 세상과 소통한다.	회화과, 동양화과, 서양화과, 시각디자인학과, 공간디자인학과, 디자인 미술학과, 디자인융합학과, 디자인학과, 디지털디자인학과, 멀티미디어디자인학과, 커뮤니케이션디자인학과, 공예학과, 미디어영상학과, 조소과, 미술교육과 등
	미술 감상과 비평	미술 작품의 미적 의미를 탐구하고 작품의 해석과 판단을 통해 미술을 깊이 있게 학습하는 진로 선택 과목이다. 미술 작품을 양식, 주제, 제작 방식과 표현 기법에 따른 내용과 형식, 사회·문화적 맥락을 자세히 살펴보고 깊이 있게 읽으며 작가, 시대, 지역, 사회·문화적 특성의 차이를 발견하며 해석하고 비평한다. 이 과정에서 열린 태도로 작품과 소통하며 정체성을 형성하게 된다.	회화과, 동양화과, 서양화과, 시각디자인학과, 디지털디자인학과, 멀티미디어디자인학과, 커뮤니케이션디자인학과, 조형디자인학과, 공예학과, 미디어영화학과, 조소과, 미술교육과, 큐레이터학과, AI디자인학과 등
융합 선택	음악과 미디어	학습자가 미디어와 관련한 음악의 다양한 역할을 경험함으로써 변화해가는 실제 삶에서 주체적인 음악 활용자이자 다양한 사회·문화·산업 등에서의 음악 협력자로 역할을 수행할 수 있도록 하는 과목이다. 음악의 다양한 가치와 역할을 근간으로 미디어 문해력 및 디지털 소양과 연계 융합한 음악 방법과 경험을 확장하여 감성 역량, 창의성 역량, 자기주도성 역량, 공동체 역량, 소통 역량 등을 더욱 발전시키도록 구성되어 있다.	작곡과, 국악과, 관현악과, 피아노과, 성악과, 작곡과, 국악학과, 공연예술음악과, 음악교육과, 음악공연기획과, 실용음악학과, 종교음악과, 반주학과, 음향제작과, 공연제작과, 뮤지컬학과, 등
	미술과 매체	과거에서 현대까지의 매체를 탐색하고 역할을 이해함으로써 매체의 다양성과 융합 가능성을 발견하게 하고, 매체의 특성과 표현 원리, 매체를 활용한 미술 작품을 다룸으로써 미술에서의 매체의 변화를 이해하게 한다. 매체를 활용하여 표현을 정교화하고 미술과 다른 분야를 융합하여 창의적으로 표현하게 한다. 또한 매체에 메시지를 담아 표현한 작품을 전시하고 세상과 소통하게 한다.	한국화과, 시각디자인학과, 디지털디자인학과, 멀티미디어디자인학과, 커뮤니케이션디자인학과, 공예학과, 미디어영상학과, 조소과, 미술교육과, 큐레이터학과, AI디자인학과 등

제2외국어 교과군

교과(군)
제2외국어

일반 선택
독일어, 프랑스어,
스페인어, 중국어,
일본어, 러시아어,
아랍어, 베트남어

진로 선택
독일어 회화, 프랑스어 회화,
스페인어 회화, 중국어 회화,
일본어 회화, 러시아어 회화,
아랍어 회화, 베트남어 회화,
심화 독일어, 심화 프랑스어,
심화 스페인어, 심화 중국어,
심화 일본어, 심화 러시아어,
심화 아랍어, 심화 베트남어

융합 선택
독일어권 문화,
프랑스어권 문화,
스페인어권 문화, 중국 문화,
일본 문화, 러시아 문화,
아랍 문화, 베트남 문화

구분
보통
교과

제2외국어 교과군

과목명	절대평가		상대평가	통계정보			수능
	원점수	성취도 (5단계)	석차등급 (5등급)	성취도 분포비율	과목평균	수강자수	
독일어	○	A·B·C·D·E	○	○	○	○	○
프랑스어	○	A·B·C·D·E	○	○	○	○	○
스페인어	○	A·B·C·D·E	○	○	○	○	○
중국어	○	A·B·C·D·E	○	○	○	○	○
일본어	○	A·B·C·D·E	○	○	○	○	○
러시아어	○	A·B·C·D·E	○	○	○	○	○
아랍어	○	A·B·C·D·E	○	○	○	○	○
베트남어	○	A·B·C·D·E	○	○	○	○	○
독일어 회화	○	A·B·C·D·E	○	○	○	○	×
프랑스어 회화	○	A·B·C·D·E	○	○	○	○	×
스페인어 회화	○	A·B·C·D·E	○	○	○	○	×
중국어 회화	○	A·B·C·D·E	○	○	○	○	×
일본어 회화	○	A·B·C·D·E	○	○	○	○	×
러시아어 회화	○	A·B·C·D·E	○	○	○	○	×
아랍어 회화	○	A·B·C·D·E	○	○	○	○	×
베트남어 회화	○	A·B·C·D·E	○	○	○	○	×
심화 독일어	○	A·B·C·D·E	○	○	○	○	×
심화 프랑스어	○	A·B·C·D·E	○	○	○	○	×
심화 스페인어	○	A·B·C·D·E	○	○	○	○	×
심화 중국어	○	A·B·C·D·E	○	○	○	○	×
심화 일본어	○	A·B·C·D·E	○	○	○	○	×
심화 러시아어	○	A·B·C·D·E	○	○	○	○	×
심화 아랍어	○	A·B·C·D·E	○	○	○	○	×
심화 베트남어	○	A·B·C·D·E	○	○	○	○	×
독일어권 문화	○	A·B·C·D·E	○	○	○	○	×
프랑스어권 문화	○	A·B·C·D·E	○	○	○	○	×
스페인어권 문화	○	A·B·C·D·E	○	○	○	○	×
중국 문화	○	A·B·C·D·E	○	○	○	○	×
일본 문화	○	A·B·C·D·E	○	○	○	○	×
러시아 문화	○	A·B·C·D·E	○	○	○	○	×
아랍 문화	○	A·B·C·D·E	○	○	○	○	×
베트남 문화	○	A·B·C·D·E	○	○	○	○	×

일반 선택

진로 선택

융합 선택

구분	과목	과목 소개	관련 학과
일반 선택	독일어	독일어를 처음 배우는 학습자들이 일상생활에서 자주 사용되는 기본 표현을 학습하여 기초적인 독일어 의사소통 능력을 배양하고, 독일어권 각 지역의 사회 문화적 특성을 이해함으로써 세계와 소통하는 민주시민 역량을 함양하는 과목이다.	독일어과, 독일어교육과, 독일어문화학과, 독일어통번역학과, 독일 언어문학과, 독어독문학과, 유럽학부, 국제학부, 글로벌경제학과, 글로벌 경영학과 등
	프랑스어	프랑스어를 처음 배우는 학습자들이 일상생활과 관련된 의사소통 기본 표현을 학습함으로써 기초적인 프랑스어 의사소통 능력을 배양하는 과목이다. 학습자들은 프랑스어권 문화에 대한 폭넓은 이해를 바탕으로 균형 잡힌 세계관을 갖추게 된다.	프랑스어과, 프랑스어교육과, 프랑스어문화학과, 불어불문학과, 불어교육전공, 프랑스어통번역학과, 국제학부, 유럽학부, 언어학과, 글로벌경제학과 등
	스페인어	스페인어를 처음 배우는 학습자가 일상생활에서 자주 사용되는 기본 표현을 익힘으로써 기초적인 스페인어 의사소통 능력을 배양하고, 스페인어권의 문화를 이해함으로써 타 문화에 대한 이해력과 포용력을 갖춘 세계 시민으로서의 능력을 기를 수 있는 과목이다.	스페인어교육전공, 스페인어과, 스페인어통번역학과, 스페인어학과, 서어서문학과, 유럽학부, 국제학부, 언어학과, 언어인지과학과, 글로벌경영학과, 글로벌경제학과 등
	중국어	중국어를 처음 접하는 학습자가 기초적인 의사소통 능력을 배양하도록 하여 기초 소양으로서 언어 소양을 기를 수 있도록 하는 과목이다. 아울러 중국과 중국 문화에 대한 이해를 통해 타 문화에 대한 포용성과 문화적 감수성, 공동체 소양을 길러 세계와 소통하는 민주시민 의식을 함양하게 하는 과목이다.	중국비즈니스학과, 중국어과, 중국어교육과, 중국어문학전공, 중국어통번역학과, 중국어학과, 한문 학과, 한문교육과, 국제학부, 아시아학부, 언어학과, 언어인지과학과, 정치외교 학과 등
	일본어	일본어를 처음 배우는 학습자들이 일상생활과 관련된 의사소통 기본 표현을 학습함으로써 기초적인 일본어 의사소통 능력을 함양하고, 일본 문화에 대한 이해를 바탕으로 상호문화적 관점에서 타 문화에 대한 포용력과 이해력을 신장함으로써 세계시민 역량을 함양하는 과목이다.	일본어통번역학과, 일본어학과, 일어일문학과, 일어일문학전공, 아시아학부, 아시아언어문명학과, 언어학과, 언어인지과학과, 정치외교학과, 글로벌경영학과 등
	러시아어	러시아어를 처음 배우는 학습자들이 일상생활에서 자주 사용되는 기본 표현과 러시아의 문화 내용을 학습함으로써 기초적인 러시아어 의사소통 능력을 함양하는 과목이다. 학습자들은 러시아 문화의 이해를 바탕으로 러시아어 사용자들과 원활히 의사소통함으로써 타 문화에 대한 이해 포용력을 갖춘 세계 시민으로서의 자질을 향상시킬 수 있을 것이다.	러시아어학과, 러시아언어문화학과, 러시아학과, 노어노문학과, 중앙아시아학과, 언어학과, 언어인지과학과, 글로벌경영학과, 글로벌경제학과, 정치외교학과 등
	아랍어	아랍어를 처음 배우는 학습자가 일상생활에서 자주 사용되는 의사소통 기본 표현을 학습함으로써 기초적인 아랍어 의사소통 능력을 함양하는 과목이다. 학습자들은 아랍어를 체계적으로 학습함으로써 그들의 사고방식과 문화, 관습, 종교에 대한 이해의 폭을 넓혀 글로벌 의식과 아랍 국가에 대한 경쟁력을 강화할 수 있을 것이다.	아랍어과, 아랍어통번역학과, 아랍학과, 중동학부 아랍지역학과, 국제학부, 언어학과, 언어인지과학과, 글로벌비지니스학과, 글로벌경영학과, 글로벌경제학과, 정치외교학과 등
	베트남어	베트남어를 처음 배우는 학습자가 기초적인 베트남어 의사소통 능력을 기르고, 베트남의 사회 문화적 특성을 이해함으로써 타문화에 대한 이해 포용력을 갖춘 세계시민으로서의 능력을 함양하게 하는 과목이다.	베트남어과, 아시아학과, 언어학과, 언어인지과학과, 글로벌경영학과, 글로벌비지니스전공, 정치외교학과 등

구분	과목	과목 소개	관련 학과
진로 선택	독일어 회화	학생들이 일반 선택 과목인 〈독일어〉에서 습득한 어휘, 의사소통 표현, 독일어권 문화에 대한 지식을 바탕으로 일상생활에서 독일어로 소통할 수 있는 듣기와 말하기 능력을 배양하는 과목이다.	독일어과, 독일어교육과, 독일어문화학과, 독일어통번역학과, 독일언어문학과, 독어독문학과, 유럽학부, 국제학부, 글로벌경제학과, 글로벌경영학과 등
	프랑스어 회화	일반 선택 과목인 〈프랑스어〉에서 습득한 프랑스어 관련 지식을 바탕으로 프랑스어권 사람들과 자연스럽게 소통할 수 있도록 회화 능력을 배양하는 과목이다. 학생들은 수업을 통해 습득한 의사소통 능력을 토대로 프랑스어 사용자들과 소통하고 교류함으로써 국제적인 감각을 지닌 세계 시민으로 성장하는 데 필요한 능력을 심화할 수 있게 된다.	프랑스어과, 프랑스어교육과, 프랑스어문화학과, 불어불문학과, 불어교육전공, 프랑스어통번역학과, 국제학부, 유럽학부, 언어학과, 글로벌경제학과, 글로벌경영학과 등
	스페인어 회화	일반 선택 과목인 〈스페인어〉에서 습득한 어휘, 의사소통 표현, 문화에 대한 지식을 바탕으로 일상생활에서 스페인어로 소통할 수 있도록 듣고 말하는 능력을 배양하는 과목이다. 학습자는 〈스페인어 회화〉 과목을 통해 습득한 의사소통 능력을 토대로 스페인어 사용자들과 교류함으로써 세계와 소통하고 조화를 이루는 협력적 의사소통의 주체로 성장할 수 있게 된다.	스페인어교육전공, 스페인어과, 스페인어통번역학과, 스페인어학과, 서어서문학과, 유럽학부, 국제학부, 언어학과, 언어인지과학과, 글로벌경영학과, 글로벌경제학과 등
	중국어 회화	일반 선택 과목인 〈중국어〉에서 습득한 어휘, 의사소통 표현, 문화에 대한 지식을 바탕으로 일상생활에서 다양한 매체를 활용하여 자연스럽고 유창하게 소통할 수 있는 능력을 배양하는 진로 선택 과목이다. 학습자들은 학습을 통해 배양한 중국어 의사소통 능력을 토대로 중국인의 언어 습관과 그들의 생활 및 관습을 이해할 수 있다.	중국비즈니스학과, 중국어과, 중국어교육과, 중국어문학전공, 중국어통번역학과, 중국어학과, 한문학과, 한문교육과, 국제학부, 아시아학부, 언어학과, 언어인지과학과, 정치외교학과 등
	일본어 회화	〈일본어〉에서 습득한 어휘, 의사소통 표현, 문화에 대한 지식을 바탕으로 일상생활의 다양한 분야에서 자연스럽고 유창하게 소통할 수 있는 능력을 배양하는 진로 선택 과목이다. 학습자들은 학습을 통해 배양한 의사소통 능력을 바탕으로 일본인들과 소통함으로써 그들의 사고방식과 생활양식 및 관습을 이해할 수 있게 된다.	일본어통번역학과, 일본어학과, 일어일문학과, 일어일문학전공, 아시아학부, 아시아언어문명학과, 언어학과, 언어인지과학과, 정치외교학과, 글로벌경영학과
	러시아어 회화	〈러시아어〉에서 습득한 어휘, 의사소통 표현, 문화에 대한 지식을 바탕으로 일상생활에서 러시아어로 소통할 수 있는 듣기와 말하기 능력을 배양하는 과목이다. 학습자들은 학습을 통해 배양한 의사소통 능력을 토대로 러시아어 사용자들과 소통하고 교류함으로써 세계시민으로 성장하는 데 필요한 자질을 심화할 수 있을 것이다.	러시아어학과, 러시아언어문화학과, 러시아학과, 노어노문학과, 중앙아시아학과, 언어학과, 언어인지과학과, 글로벌경영학과, 글로벌경제학과, 정치외교학과 등
	아랍어 회화	〈아랍어〉에서 습득한 낱말이나 구, 문장, 의사소통 표현, 문화에 대한 지식을 바탕으로 일상생활에서 자연스럽고 유창하게 소통할 수 있는 듣기와 말하기 능력을 배양하는 과목이다. 학습자는 학습을 통해 습득한 의사소통 능력을 토대로 아랍인의 의식 구조와 그들의 생활 및 관습을 이해할 수 있게 될 것이다.	아랍어과, 아랍어통번역학과, 아랍학과, 중동학부아랍지역학과, 국제학부, 언어학과, 언어인지과학과, 글로벌비지니스학과, 글로벌경영학과, 글로벌경제학과, 정치외교학과 등
	베트남어 회화	〈베트남어〉에서 습득한 어휘, 의사소통 표현, 문화에 대한 지식을 바탕으로 일상생활에서 베트남어로 자연스럽게 소통할 수 있도록 듣기와 말하기 능력을 중점적으로 배양하는 과목이다.	베트남어과, 아시아학과, 언어학과, 언어인지과학과, 글로벌경영학과, 글로벌비지니스전공, 정치외교학과 등
	심화 독일어	학생들이 일반 선택 과목인 〈독일어〉에서 습득한 독일어 의사 소통 능력과 독일어권 문화 및 삶의 양식에 대한 기초적인 이해를 확대하고 심화하는 과목이다. 또한, 다양한 매체를 바탕으로 독일어권 정보를 검색하고 활용하는 데 필수적인 독일어 독해 능력을 배양하는 과목이다.	독일어과, 독일어교육과, 독일어 문화학과, 독일어통번역학과, 독일언어문학과, 독어독문학과, 유럽학부, 국제학부, 글로벌경제학과, 글로벌경영학과 등

구분	과목	과목 소개	관련 학과
	심화 프랑스어	일반 선택 과목인 〈프랑스어〉에서 습득한 기초적인 프랑스어 의사소통 능력을 확장 심화하는 과목이다. 학습자들은 학습을 통해 프랑스어 의사소통 능력을 갖추고 프랑스어권 세계에 대한 이해의 폭을 넓힘으로써 세계 시민으로 성장하는 데 필요한 능력을 발전시킬 수 있을 것이다.	프랑스어과, 프랑스어교육과, 프랑스어문화학과, 불어불문학과, 불어교육전공, 프랑스어통번역학과, 국제학부, 유럽학부, 언어학과, 글로벌경제학과 등
	심화 스페인어	일반 선택 과목인 〈스페인어〉에서 습득한 기초적인 스페인어 의사소통 능력을 확장 심화하는 과목이다. 학습자는 학습을 통해 스페인어 의사소통 능력 함양과 스페인어권 세계에 대한 이해의 폭을 넓히고 나아가 전 세계 스페인어 사용자들과 소통하고 교류함으로써 세계 시민으로 성장하는 데 필요한 능력을 한층 더 강화할 수 있을 것이다.	스페인어교육전공, 스페인어과, 스페인어통번역학과, 스페인어학과, 서어서문학과, 유럽학부, 국제학부, 언어학과, 언어인지과학과, 글로벌경영학과, 글로벌경제학과 등
	심화 중국어	일반 선택 과목인 〈중국어〉에서 습득한 기초적인 중국어 의사소통 능력을 확장 심화하는 과목이다. 학습자들은 중국에 대한 이해의 폭을 넓히고 나아가 전 세계 중국어 사용자들과 소통하고 교류함으로써 성숙한 세계 시민으로 성장하는 데 필요한 능력을 신장할 수 있을 것이다. 아울러 자신의 진로와 중국과의 연계성을 모색해 봄으로써 진로 개발에도 도움이 될 수 있다.	중국비즈니스학과, 중국어과, 중국어교육과, 중국어문학전공, 중국어통번역학과, 중국어학과, 한문학과, 한문교육과, 국제학부, 아시아학부, 언어학과, 언어인지과학과, 정치외교학과 등
	심화 일본어	〈일본어〉에서 습득한 기초적인 일본어 의사소통 능력을 확장 심화하는 과목이다. 학습자는 〈심화 일본어〉 학습을 통해 일본 사회와 문화에 대한 이해의 폭을 확장하고 소통과 교류를 심화함으로써 세계시민으로 성장하는 데 필요한 역량을 한층 더 발전시킬 수 있을 것이다.	일본어통번역학과, 일본어학과, 일어일문학과, 일어일문전공, 아시아학부, 아시아언어문명학과, 언어학과, 언어인지과학과, 정치외교학과, 글로벌경영학과
	심화 러시아어	〈러시아어〉 과목에서 습득한 기초적인 러시아어 의사소통 능력을 확장 심화하고 동시에, 읽기 능력 향상에 초점을 맞춘 과목이다. 학습자들은 〈심화 러시아어〉 학습을 통해 러시아에 대한 이해의 폭을 넓히고 나아가 전 세계 러시아어 사용자들과 소통하고 교류함으로써 세계시민으로 성장하는 데 필요한 자질을 심화할 수 있을 것이다.	러시아어학과, 러시아언어문화학과, 러시아학과, 노어노문학과, 중앙아시아학과, 언어학과, 언어인지과학과, 글로벌경영학과, 글로벌경제학과, 정치외교학과 등
	심화 아랍어	〈아랍어〉에서 습득한 기초적인 아랍어 의사소통 능력을 확장 심화하는 과목이다. 학습자는 〈심화 아랍어〉 학습을 통해 아랍 세계에 대한 이해의 폭을 넓히고 나아가 전 세계 아랍어 화자들과 소통하고 교류함으로써 세계 시민으로 성장하는 데 필요한 기본 능력을 한층 더 강화할 수 있을 것이다.	아랍어과, 아랍어통번역학과, 아랍 학과, 중동학부 아랍지역학과, 국제학부, 언어학과, 언어인지과학과, 글로벌비지니스 학과, 글로벌경영학과, 글로벌경제학과, 정치외교학과 등
	심화 베트남어	〈베트남어〉에서 습득한 기초적인 베트남어 의사소통 능력을 확장 심화하는 과목이다. 학습자들은 학습을 통해 일상적인 기본 표현을 중심으로 베트남어 의사소통 능력을 심화하고, 다양한 매체 검색 및 정보의 수집 활용에 필요한 베트남어 독해 능력을 함양할 수 있을 것이다.	베트남어과, 아시아학과, 언어학과, 언어인지과학과, 글로벌경영학과, 글로벌비지니스전공, 정치외교학과 등

133

구분	과목	과목 소개	관련 학과
융합 선택	독일어권 문화	다양한 주제의 독일어권 문화와 삶의 양식을 상호 문화적 관점에서 폭넓게 이해함으로써 포용적 문화 이해 능력을 배양하는 과목이다. 학습자들은 독일어권 문화 전반에 관한 내용을 자신의 관심 분야와 연계하여 심도 있게 탐색할 수 있으며, 독일어권 사람들과 소통하고 교류함으로써 세계와 소통하는 민주 시민으로 성장하는 데 필요한 기본 능력을 심화할 수 있다.	독일어과, 독일어교육과, 독일어문화학과, 독일어통번역학과, 독일 언어문학과, 독어독문학과, 유럽학부, 국제학부 등
	프랑스어권 문화	프랑스어 문화권에서 살아가는 사람들의 가치관과 사고방식을 이해하고, 이를 바탕으로 프랑스어 의사소통 능력을 배양하는 과목이다. 프랑스어권 사회가 보여주는 다양성 속에서의 조화를 직간접적으로 경험하고, 프랑스어권 사회 구성원들의 일상생활과 사회 전반에 관한 내용을 상호문화적인 관점에서 이해하게 될 것이다.	프랑스어과, 프랑스어교육과, 프랑스어문화학과, 불어불문학과, 불어교육전공, 프랑스어통번역학과, 국제학부, 유럽학부, 언어학과, 글로벌경제학과, 글로벌경영학과 등
	스페인어권 문화	스페인어권 문화에 대해 상호문화적 관점에서 이해하고, 이러한 이해를 바탕으로 스페인어 의사소통 능력을 배양하는 과목이다. 학습자들은 스페인어권의 일상생활 및 사회 문화 전반에 관한 내용과 자신의 관심 분야를 연계하여 심도 있게 탐색할 수 있을 것이다.	스페인어교육전공, 스페인어과, 스페인어통번역학과, 스페인어학과, 서어서문학과, 유럽학부, 국제학부, 언어학과, 언어인지과학과, 글로벌경영학과, 글로벌경제학과 등
	중국 문화	〈중국 문화〉는 중국의 문화와 생활을 직간접적으로 체험하면서 학습자들은 상호문화적 관점에서 중국의 문화를 이해하고 공유하며 창조적으로 변용하는 동시에 이를 통해 우리 문화를 새롭게 발견하는 주체적 태도를 형성할 수 있다.	중국비즈니스학과, 중국어과, 중국어교육과, 중국어문학전공, 중국어통번역학과, 중국어학과, 한문학과, 한문교육과, 국제학부, 아시아학부, 언어학과, 언어인지과학과, 정치외교학과 등
	일본 문화	일본의 일상생활 및 사회 문화 전반에 관한 내용을 폭넓게 이해하고 기초적인 의사소통 능력을 배양하며, 자신의 관심 분야 및 진로와 연계하는 융합 선택 과목이다. 일본의 다양한 유무형의 문화 자산과 생활양식, 가치관 및 세계관 등을 상호문화적 관점에서 깊이 이해하고, 배려와 존중의 자세로 소통함으로써 폭넓은 안목과 포용성, 창의성 및 주도성을 두루 겸비한 세계시민으로 성장할 수 있게 될 것이다.	일본어통번역학과, 일본어학과, 일어일문학과, 일어일문학전공, 아시아학부, 아시아언어문명학과, 언어학과, 언어인지과학과, 정치외교학과, 글로벌경영학과
	러시아 문화	상호문화적 관점에서 러시아 문화를 이해하고, 이러한 이해를 바탕으로 러시아어 의사소통 능력을 배양하는 과목이다. 학습자들은 학습을 통해 배양한 의사소통 능력을 토대로 러시아어 사용자들과 소통하고 교류함으로써 세계시민으로 성장하는 데 필요한 자질을 심화할 수 있을 것이다.	러시아어학과, 러시아언어문화학과, 러시아학과, 노어노문학과, 중앙아시아학과, 언어학과, 언어인지과학과, 글로벌경영학과, 글로벌경제학과, 정치외교학과 등
	아랍 문화	〈아랍 문화〉는 아랍 국가의 문화와 생활을 직간접적으로 체험하면서 아랍인의 사고방식, 생활양식, 관습, 가치관, 세계관, 문학, 예술 등을 상호문화적 관점에서 이해하고 공유하며 창조적으로 변용함으로써 우리 문화를 새롭게 발견하는 주체적 태도를 형성할 수 있다.	아랍어과, 아랍어통번역학과, 아랍학과, 중동학부 아랍지역학과, 국제학부, 언어학과, 언어인지과학과, 글로벌 비지니스학과, 글로벌경영학과, 글로벌 경제학과, 정치외교학과 등
	베트남 문화	〈베트남 문화〉는 융합 선택 과목으로 베트남 사람들의 사고방식과 삶의 양식을 상호문화적 관점에서 폭넓게 이해함으로써 포용적 문화 이해 능력과 협력적 의사소통 능력을 배양하는 과목이다. 학습자들은 학습을 통해 베트남의 일상생활 및 사회 문화 전반에 관한 내용과 자신의 관심 분야를 연계하여 심도 있게 탐색할 수 있다.	베트남어과, 아시아학과, 언어학과, 언어인지과학과, 글로벌경영학과, 글로벌비지니스전공, 정치외교학과 등

한문 교과군

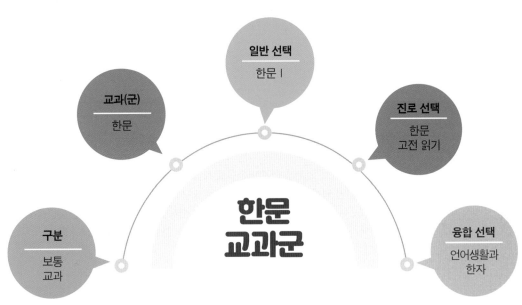

과목명	절대평가		상대평가	통계정보			수능
	원점수	성취도 (5단계)	석차등급 (5등급)	성취도 분포비율	과목평균	수강자수	
일반 선택 한문 I	○	A·B·C·D·E	○	○	○	○	○
진로 선택 한문 고전 읽기	○	A·B·C·D·E	○	○	○	○	×
융합 선택 언어생활과 한자	○	A·B·C·D·E	○	○	○	○	×

구분	과목	과목 소개	관련 학과
일반 선택	한문	한문에 대한 지식을 익혀 언어생활과 한문 독해에 활용하며, 한문 자료를 비판적으로 이해하고 심미적으로 향유할 수 있는 능력을 기르는 교과이다. 또한 선인들의 삶과 지혜, 사상과 감정을 이해하여 자아 정체성과 공동체의 가치를 바탕으로 미래 사회에 필요한 인성을 함양하고 전통문화를 창조적으로 계승 발전시킬 수 있는 능력을 기르는 교과이다.	한문학과, 한문교육과, 동아시아 학과, 법학과, 행정학과, 국어 국문학과, 철학과, 사학과, 문헌 정보학과, 정치외교학과, 신문방송 학과, 고고학과, 문화인류학과, 한의예과 등
진로 선택	한문 고전 읽기	한문으로 기록된 고전 자료를 바탕으로 인문학의 기초 소양을 쌓고 진로 탐색에 활용하는 과목이다. '한문 고전 읽기'에서는 문학, 역사, 사상 자료 가운데 당면한 문제를 해결하는 데 도움이 되는 내용을 선별 학습하여 변화하는 시대에 요구되는 역량과 인성을 갖추고, 우리 문화에 대한 이해를 바탕으로 한자 문화권의 문화를 이해하고 교류 증진에 참여하려는 태도를 형성할 수 있도록 한다.	한문학과, 한문교육과, 동아시아학과, 법학과, 행정학과, 국어국문학과, 철학과, 사학과, 고고학과, 정치외교학과, 신문방송학과, 문화인류학과, 한의예과 등
융합 선택	언어생활과 한자	정확하고 풍부한 언어생활에 필요한 한자와 한자 어휘를 익혀 다양한 분야에서 활용하는 능력을 함양하는 고등학교 융합 선택 과목이다. 현재의 언어생활뿐만 아니라, 우리나라가 속한 한자 문화권의 보편적 문화를 이해하고 교류를 증진하기 위한 도구로서 한자와 한자 어휘의 학습을 통해 문해력을 높여 인류의 생태적 사회적 상황에 대한 인식을 형성하도록 한다.	한문학과, 한문교육과, 동아시아 학과, 법학과, 행정학과, 국어 국문학과, 철학과, 사학과, 문헌 정보학과, 정치외교학과, 신문방송학과, 고고학과, 문화인류학과, 한의예과 등

교양 교과군

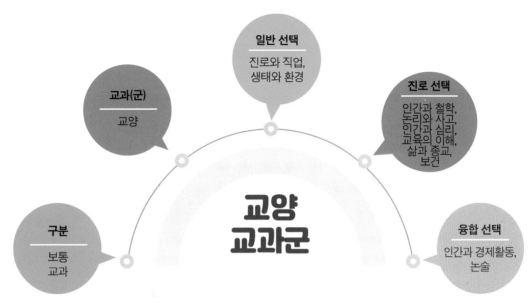

일반 선택
진로와 직업,
생태와 환경

진로 선택
인간과 철학,
논리와 사고,
인간과 심리,
교육의 이해,
삶과 종교,
보건

교과(군)
교양

구분
보통
교과

융합 선택
인간과 경제활동,
논술

**교양
교과군**

과목명	절대평가		상대평가	통계정보			
	원점수	성취도	석차등급	성취도 분포비율	과목평균	수강자수	
진로와 직업	×	×	P	×	×	×	
생태와 환경	×	×	P	×	×	×	
인간과 철학	×	×	P	×	×	×	
논리와 사고	×	×	P	×	×	×	
인간과 심리	×	×	P	×	×	×	
교육의 이해	×	×	P	×	×	×	
삶과 종교	×	×	P	×	×	×	
보건	×	×	P	×	×	×	
인간과 경제활동	×	×	P	×	×	×	
논술	×	×	P	×	×	×	

일반 선택

진로 선택

융합 선택

구분	과목	과목 소개	관련 학과
일반 선택	진로와 직업	〈진로와 직업〉 교과는 심층적인 진로 탐색을 통해 한 개인이 자신을 이해하고 일과 직업에서 전문성을 개발하기 위해 스스로 진로 목표와 계획을 수립 및 실천할 수 있는 진로 개발 역량을 함양하는 데 중점을 둔다. 교과의 핵심적인 내용 요소는 학습자 주도성 함양, 인공지능 디지털 소양 교육 강화, 민주 시민 교육, 생태 전환 교육과 연계하여 구성하였다.	교육학과, 경영학과 등
	생태와 환경	기후변화와 생물다양성 감소 등 인류가 경험하고 있는 환경위기와 지구가 가진 한계에 대한 문제의식을 바탕으로, 학습자들이 지속가능한 사회의 체계와 삶의 양식을 이해하고 실천하도록 돕기 위한 과목이다. 학습자들이 다양한 환경 사례와 쟁점을 자연과학적, 인문사회적, 예술적 접근을 아우르는 총체적이고 통합적인 관점으로 탐구하고, 환경 문제를 해결하고 지속가능한 사회를 만들기 위해 적극적인 참여와 실천을 할 수 있도록 하는 데 목적이 있다.	환경공학과, 환경학과, 지구환경과학과, 환경보건학과, 환경보건과학과, 환경과학과, 환경생태공학부, 환경시스템공학과, 환경안전공학과, 바이오환경학과, 건설환경공학과, 토목환경공학과 등
진로 선택	인간과 철학	학생들이 자신의 삶 속에서 스스로 '철학하는 사람'이 되어 가는 과정을 훈련하는 과목이다. 학생들에게 현실적 삶과 미래 사회에 맞닥뜨릴 구체적 문제를 해결하는 다차원적 사고 능력을 함양시켜 준다. 다변화되는 현대 사회의 복잡하고 다양한 문제에 직면하여, 학생들은 분석적이고 비판적인 사고, 융합적이고 창의적인 사고, 관계 지향적이고 배려적인 사고를 통하여 다차원적으로 접근하는 능력을 기른다.	철학과, 동양철학과, 종교학과, 윤리교육과, 교육심리학과, 미학과, 역사철학부, 철학상담학과, 철학윤리학과, 철학생명의료윤리학과 등
	논리와 사고	학생들은 학습을 통해 이해 능력, 분석 능력, 추론 능력, 상황 판단 능력, 창의적 사고 능력을 바탕으로 한 종합적 사고 능력을 기르게 된다. 이를 통해 다양한 분야의 글을 읽고 쓰는 기초 역량, 공직 적성 및 법학 적성 등이 요청하는 실용적 문제 해결 역량, 자연 세계를 과학적으로 탐구하고 새로운 과학기술을 탄생시키는 창의 역량, 나아가 첨단 과학기술 사회가 요청하는 새로운 시민 공동체 역량을 함양할 것이다.	철학과, 경제학과, 법학과, 수학과, 윤리학과, 동양철학과, 종교학과, 윤리교육과, 교육심리학과, 역사철학부, 철학상담학과, 철학윤리학과, 철학생명의료윤리학과 등
	인간과 심리	개인의 건강한 발달과 적응을 도모할 뿐만 아니라 민주시민으로서 필요한 주도성, 의사소통 능력, 창의적 문제 해결력, 개방적이고 포용적인 태도를 기르기 위한 과목이다. 학생이 자신의 삶과 사회 현상에서 어떠한 것이 심리적 문제인지를 스스로 탐색하고 그 해결책을 능동적으로 생성해 가는 역량과 태도를 기를 수 있을 것으로 기대된다.	상담학과, 심리학과, 심리상담치료학과, 사회심리학과, 상담심리학과, 심리치료학과, 산업심리학과, 아동심리학과, 재활학과, 재활상담심리 학과 등

구분	과목	과목 소개	관련 학과
융합 선택	교육의 이해	학생들로 하여금 교육 주체의 일원으로서 교육의 의미와 중요성에 대한 이해를 바탕으로 배움과 가르침의 원리와 방법을 익히도록 해 평생 학습 사회에서 행복한 삶을 영위할 수 있도록 하는 과목이다. 학생들이 배우고 가르치는 주체로서 적극적으로 교육 활동에 참여하는 데 필요한 소양을 길러주고, 학생들은 다원적인 사회에서 다양한 가치를 추구하며 행복한 삶을 영위하는 데에 요구되는 교육의 여러 양태에 대해 탐구하는 기회를 가질 것이다.	교육학과, 교육공학과, 교육심리학과, 청소년교육상담학과, 청소년 상담교육학과, 청소년상담복지학과, 평생교육학과, 사회복지학과, 심리학과, 아동청소년복지학과 등
	삶과 종교	인간의 삶에 영향을 미치는 종교의 내용과 의미를 다차원적으로 이해하고, 다양한 종교에 대한 탐구를 바탕으로 인간과 종교 문화에 대한 이해, 종교로부터 익힐 수 있는 삶의 지혜, 종교가 갖는 공적 역할과 책임에 대해 배우는 과목이다. 더불어 사는 삶을 강조하는 세계시민 사회, 고도화된 디지털 정보 기술 사회, 지속가능한 지구 생태 공동체 안에서 살아가는 데 필요한 지식과 가치 태도 그리고 실천하는 능력을 함양하는 교양 교과의 하나이다.	종교학과, 종교문화학과, 종교문화재학과, 기독교학과, 대순종학과, 불교학과, 불교문화학과, 성서학과, 신학과, 원불교학과, 윤리학과, 철학과 등
	보건	몸과 마음에 대한 이해를 높이고 건강생활을 실천하며 서로 협력하여 개인과 공동체의 건강과 삶의 질을 향상하기 위한 과목이다. 보건 과목을 통해 일상의 건강관리 역량을 높이는 한편, 다양한 건강 위험요인과 변화하는 사회 문화적 환경에 주도적으로 대처하고 지지체계를 탐색하며 건강문제해결 역량을 향상시킬 수 있다.	간호학과, 보건행정학과, 보건의료경영학과, 보건행정학과, 보건환경안전학과, 물리치료학과, 방사선학과, 뷰티보건학과, 산업보건학과 응급구조학과, 임상병리학과 등
	인간과 경제 활동	급변하는 경제 환경 속에서 미래의 주역이자 독립적인 경제 주체가 될 학생들이 실용적인 경제 지식을 습득하고 경제적 의사 결정 능력을 갖춰 미래 사회의 변화에 능동적으로 대처할 수 있는 역량을 함양하게 만들기 위한 과목이다. 일상생활에서 개인 및 사회의 경제 문제를 합리적이고 공정하게 해결할 수 있고, 경제 공동체 구성원으로서 경제 문제 해결에 적극적으로 참여하며 자신의 미래를 주도적으로 설계할 수 있는 자질을 함양할 수 있도록 한다.	경제학과, 경제금융학과, 경제무역학부, 경제통상학과, 경영학과, 무역학과, 관광경영학과, 국제통상학과, 금융경제학과, 금융보험학과, 농업경제학과, 부동산학과, 세무학과 등
	논술	'논술'은 다양한 교과 학습 및 독서 활동 등을 통해 학습한 분과 학문적 지식을 통합하는 교과 융합적 성격을 지니며, 문제 해결이나 의사 결정이 필요한 상황에 대처하여 해결책이나 견해를 형성하게 함으로써 합리적 일상생활을 영위할 수 있게 해 준다. 〈논술〉을 통해 학생은 다양한 유형으로 제공되는 정보와 자료를 수집, 분석, 평가할 수 있으며, 해결책이나 견해를 설정하고 이를 정당화하는 근거를 찾을 수 있게 된다.	국어국문학과, 국어교육학과, 한국어문학과, 문예창작학과, 문헌정보학과, 미디어커뮤니케이션학과, 신문방송학과, 언론정보학과, 철학과 등

학업계획서 작성 Sheet

고등학교   학년   반   번

이름

활동 1　진로심리검사 결과 정리해보기

◆ 커리어넷(https://www.career.go.kr) 진로 심리검사: 직업흥미(K), 직업흥미(H), 직업적성, 직업가치관
◆ 고용24(https://www.work24.go.kr) 진로 심리검사: 직업적성검사

진로 심리 검사 결과	직업흥미 (K)	1직업군	2직업군	3직업군
	직업흥미 (H)	1순위: (　　) 유형	2순위: (　　) 유형	3순위: (　　) 유형
	직업적성 (추천직업군)	커리어넷		
		워크넷		
	직업가치관	주요 가치		
		관련 직업		
		희망 직업		
	검사 결과	흥미		
		적성		
		진로 희망		
		탐색 결과		
나의 희망 결과	희망 계열	대분류	☐ 인문계열　☐ 사회계열　☐ 자연계열　☐ 공학계열 ☐ 의약계열　☐ 예체능계열　☐ 교육계열	
		중분류		
		소분류		
	희망 직업			
	희망 학과 및 대학			

캠퍼스멘토 | 고교학점제 바이블

○ 학과

활동 2 · 희망 학과에 적합한 선택 과목 체크리스트

교과 영역		과목	2학년	3학년	교과 영역		과목	2학년	3학년
기초	일반 선택	화법과 작문	□	□	탐구	일반 선택	물리학 I	□	□
		독서	□	□			화학 I	□	□
		언어와 매체	□	□			생명과학 I	□	□
		문학	□	□			지구과학 I	□	□
	진로 선택	실용 국어	□	□		진로 선택	물리학 II	□	□
		심화 국어	□	□			생명과학 II	□	□
		고전 읽기	□	□			지구과학 II	□	□
	일반 선택	수학 I	□	□			생활과 과학	□	□
		수학 II	□	□			과학사	□	□
		미적분	□	□			융합과학	□	□
		확률과 통계	□	□	생활 · 교양	일반 선택	기술·가정	□	□
	진로 선택	실용 수학	□	□			정보	□	□
		기하	□	□		진로 선택	농업 생명 과학	□	□
		경제 수학	□	□			공학 일반	□	□
		수학과제 탐구	□	□			창의 경영	□	□
		인공지능 수학	□	□			해양 문화와 기술	□	□
	일반 선택	영어 회화	□	□			가정과학	□	□
		영어 I	□	□			지식 재산 일반	□	□
		영어독해와작문	□	□			인공지능 기초	□	□
		영어 II	□	□		일반 선택	독일어 I	□	□
	진로 선택	실용 영어	□	□			일본어 I	□	□
		영어권 문화	□	□			프랑스어 I	□	□
		진로 영어	□	□			러시아어 I	□	□
		영미 문학 읽기	□	□			스페인어 I	□	□
체육 · 예술	일반 선택	체육	□	□			아랍어 I	□	□
		운동과 건강	□	□			중국어 I	□	□
	진로 선택	스포츠 생활	□	□			베트남어 I	□	□
		체육 탐구	□	□		진로 선택	독일어 II	□	□
	일반 선택	음악	□	□			일본어 II	□	□
		연극	□	□			프랑스어 II	□	□
		미술	□	□			러시아어 II	□	□
	진로 선택	음악 연주	□	□			스페인어 II	□	□
		음악감상과비평	□	□			아랍어 II	□	□
		미술 창작	□	□			중국어 II	□	□
		미술감상과비평	□	□			베트남어 II	□	□
탐구	일반 선택	한국지리	□	□		일반 선택	한문 I	□	□
		세계지리	□	□			한문 II	□	□
		세계사	□	□			철학	□	□
		동아시아사	□	□			논리학	□	□
		경제	□	□			심리학	□	□
		정치와 법	□	□			교육학	□	□
		사회문화	□	□			종교학	□	□
		생활과 윤리	□	□			진로와 직업	□	□
		윤리와 사상	□	□			보건	□	□
	진로 선택	여행지리	□	□			환경	□	□
		사회문제 탐구	□	□			실용 경제	□	□
		고전과 윤리	□	□			논술	□	□

캠퍼스멘토 | 고교학점제 바이블

활동 3 학업계획서 작성해보기

1) 희망 교과 이수 계획하기

● 재학 중인 학교 교육과정 편제표와 선택 과목 이수 체크리스트를 참고해서 교과 이수 계획을 세워보세요.

교과 영역	교과(군)	일반 선택 과목		진로 선택 과목		융합 선택 과목	
		2학년	3학년	2학년	3학년		
기초	국어						
	수학						
	영어						
탐구	사회						
	과학						
체육·예술	체육						
	예술						
생활·교양	기술·가정						
	제2외국어						
	한문						
	교양						

2) 희망 학과(전공)와 연계된 교과 활동 및 비교과 활동을 계획해보기

교과 활동 계획	비교과 활동(자율, 동아리, 진로) 계획

참고 문헌

- 교육부(2017). 진로 진학과 연계한 고교 선택과정 중심 교육과정 편성 방안 연구.

- 서울대학교(2019). 2015 개정 교육과정에 따른 고교생활 가이드북.

- 경기도 교육청(2024). 2022 개정 고등학교 과목 선택 안내자료.

- 교육부(2024). 2024 학교생활기록부 기재요령.

- 교육부(2024), 2022 개정 교육과정 총론 해설(고등학교).

- 충북교육청(2024). 2022 개정 교육과정에 따른 고등학교 과목 선택 안내자료.

- 한국교육개발원(2024). 2023학과 전공분류 자료집.

고교학점제 바이블
(2022 개정 교육과정 적용)

1판 1쇄 찍음	2025년 1월 2일
출판	(주)캠토
총괄기획	최미화(cmh@camtor.co.kr)
디자인	북커북
R&D	오승훈·이사라·민하늘·박민아·강덕우·송지원·국희진·양채림·윤혜원·송나래·황건주
미디어사업	이동준
교육사업	문태준·박흥수·정훈모·송정민·변민혜
브랜드사업	윤영재·박선경·이경태·신숙진·이동훈·김지수·조용근·김연정
경영지원	김동욱·지재우·임철규·최영혜·이석기·노경희
발행인	안광배
주소	서울시 서초구 강남대로 557(잠원동, 성한빌딩) 9F
출판등록	제2012-000207
구입문의	(02) 333-5966
팩스	(02) 3785-0901
홈페이지	www.campusmentor.co.kr (교구몰)
ISBN	979-11-92382-40-1 (43000)

ⓒ (주)캠토 2025